吴文婷 著

汉语
动类拷贝式话述构式研究

苏州大学出版社
Soochow University Press

图书在版编目（CIP）数据

汉语动类拷贝式话述构式研究 / 吴文婷著. --苏州：苏州大学出版社, 2024.12. -- ISBN 978-7-5672-5039-0

Ⅰ. H146.3

中国国家版本馆 CIP 数据核字第 2025EH4067 号

HANYU DONGLEI KAOBEISHI HUASHU GOUSHI YANJIU

| 书　　名 / 汉 语 动 类 拷 贝 式 话 述 构 式 研 究
| 著　　者 / 吴文婷
| 责任编辑 / 倪浩文
| 装帧设计 / 刘　俊
| 出版发行 / 苏州大学出版社
| 地　　址 / 苏州市十梓街 1 号
| 邮　　编 / 215006
| 电　　话 / 0512-67480030
| 印　　刷 / 广东虎彩云印刷有限公司
| 开　　本 / 787 mm×1 092 mm　1/16　印张 8.5　字数 157 千
| 版　　次 / 2024 年 12 月第 1 版
| 印　　次 / 2024 年 12 月第 1 次印刷
| 书　　号 / ISBN 978-7-5672-5039-0
| 定　　价 / 48.00 元

图书若有印装错误，本社负责调换
苏州大学出版社营销部　电话：0512-67481020
苏州大学出版社网址　http://www.sudapress.com
苏州大学出版社邮箱　sdcbs@suda.edu.cn

目 录

第一章 绪 论 / ○○一

   1.1 理论依据和研究对象 / ○○一
      1.1.1 理论依据 / ○○一
      1.1.2 研究对象 / ○○三
   1.2 国内外研究现状 / ○○五
      1.2.1 汉语拷贝结构相关研究 / ○○五
      1.2.2 汉语话题结构相关研究 / ○○八
   1.3 本书的研究思路、方法及语料来源 / ○一一
      1.3.1 研究思路 / ○一一
      1.3.2 研究方法 / ○一一
      1.3.3 语料来源 / ○一二
   1.4 本书的研究内容 / ○一二

第二章 形式分析 / ○一三

   2.1 句法类型 / ○一三
      2.1.1 基本类型 / ○一三
      2.1.2 层次类型 / ○一八
      2.1.3 拷贝成分类型 / ○二三
   2.2 内部构成 / ○二五
      2.2.1 前后项的构成成分 / ○二六
      2.2.2 前后项的匹配性 / ○二八
   2.3 句型分类 / ○二五
      2.3.1 单句 / ○三五
      2.3.2 复句 / ○三八

2.4　本章小结 / 〇三八

第三章　功能分析 / 〇四〇

　3.1　句法功能 / 〇四〇

　　3.1.1　话题的句法角色 / 〇四〇

　　3.1.2　述题的句法角色 / 〇四六

　　3.1.3　话题和述题的搭配关系 / 〇四六

　　3.1.4　结构的句法角色 / 〇四七

　3.2　语用功能 / 〇四八

　　3.2.1　句类分布 / 〇四八

　　3.2.2　话题的信息特征 / 〇五六

　　3.2.3　表达主观性 / 〇五八

　3.3　本章小结 / 〇五九

第四章　意义分析 / 〇六〇

　4.1　语义类型 / 〇六〇

　　4.1.1　构式义类型 / 〇六〇

　　4.1.2　语义关系类型 / 〇九六

　　4.1.3　语义指向类型 / 一〇六

　　4.1.4　语用语义类型 / 一〇九

　4.2　语义分析 / 一一三

　　4.2.1　话题的指称性倾向 / 一一三

　　4.2.2　话题的冗余性 / 一二三

　　4.2.3　表达逻辑语义关系 / 一二七

　4.3　本章小结 / 一二九

参考文献 / 一三〇

第一章 绪 论

1.1 理论依据和研究对象

1.1.1 理论依据

1.1.1.1 话题结构

萨丕尔最早提出了语言学意义上的"主题"和"陈述"的概念,认为"陈述"这一概念和人称的概念可以看作本身就是关系性的概念。赵元任首次把"话题-述题"概念运用于汉语研究,他指出主语和谓语的关系可以是动作者和动作的关系,在汉语里,把主语、谓语当作话题和说明来看待比较合适。也就是说,汉语主语和谓语的关系就是话题和述题的关系,把主语和话题、谓语和述题看成同一性成分。

近年来,随着功能主义语言学、认知语言学、构式语法等新兴语言学理论的蓬勃发展,学界对汉语话题的研究逐渐成为一个热点。李讷与汤普森提出了"主语-话题"类型学,他们的研究在普通语言学和汉语研究中都产生了较大的影响,以语言是否注重[±主语优先]和[±话题优先]这两对语义特征将世界上的语言分为主语优先、话题优先、主语优先和话题优先并存、主语优先和话题优先都不明显四种类型,认为汉语属于话题优先的语言,而英语属于主语优先的语言,由此将汉语研究上升到语言类型学的高度。

之后,汉语学界引发了新的关于汉语话题的讨论,主要分为话题和主语的区别和联系、话题结构的认知语用、话题标记的界定与功能、话题结构分布及功能等方面,较多讨论的是名词性成分充当话题的相关问题,将话题和话题结构研究引入结构语法、功能语法、认知语用、话语信息、构式语法等各类语言学理论中,使得话题研究在汉语语法研究中的地位日益提升,话题研究形成了新的研究热潮。其中,徐烈炯、刘丹青提出了"拷贝式话题结构"的概念,他们认为拷贝式话题跟句子中的有关句法成分如主语、宾语甚至谓语动词在形式上完全同形或部分同形,在语义上也是同一的;"拷贝"是一个比喻式说法,只是说明话题和述题中的两个成分相同,并不表示何为基础、何为拷贝形式。刘丹青认为"同一性话题是话题优先语言的一项更典型的属性"。本书所研究的"汉语动类拷贝式话述构式"，就是"拷贝式话题结构"中的一种比较有特色的类型，是"拷贝式话题结构"的下位类型，既有一般拷贝式话题结构的特点和功能，又有自身的结构特点和功能，需要结合上述话题结构相关理论进行考察。

1.1.1.2 构式

"构式"的本义是"建筑""构筑"，即把两个或多个部件组构到一起形成一个更大的单位，后来有了"构造"的意思。"构式"的概念最早可追溯到古希腊斯多葛学派和中世纪摩迪斯泰学派。现代语言学创始人索绪尔认为"在话语中，基于语言的线性本质，各个词连接在一起，结成了以线性为基础的关系，这种以线性为支柱的结合称为'句段'，句段经常由两个或更多的联系单位所组成"。美国结构主义语言学家布龙菲尔德指出："凡是两个（或者两个以上）形式组合在一起作为一个复合形式的成分，联结这些形式的语法特征就构成了一个结构。"转换生成语法学派语言学家乔姆斯基认为："具体语言的语法构式无非是语法学家人为归类的结果，没有什么理论意义。"认知语法出现以后，构式的定义又有了变化，构式语法所指的"构式"以戈德堡的定义最流行：

C is a CONSTRUCTION iff$_{def}$ C is a form-meaning pair <Fi, Si> such that some aspects of Fi or some aspects of Si is not strictly predictable from C's component parts or from other previously established constructions.（当且仅当 C 是一个形式-意义的配对 <Fi, Si>，且形式 Fi 的某些方面或意义 Si 的某些方面不能从 C 的构成成分或从其他已有的构式中得到严格意义上的预测，C 便是一个构式。）

这个定义体现了两个关键点：一是构式是形式和意义的配对；二是不能从构成成分预测整个构式的意义。后来戈德堡又指出："任何语言格式，只要其形式或功能的某些方面不能从其组成部分或其他已经存在的构式中得到完全预测，就应该被看作是一个构式。此外，即使有些语言格式可以得到完全预测，只要它们的出现频率很高，这些格式仍然会被语言使用者存储为构式。"也就是说，构式的范畴形成了一个从"不可预测性"到"可预测性"的连续统。

汉语在遣词造句上具有鲜明的特点。早期汉语经典著作中就有了"构式"的观念。王力指出："处置式是把人怎样安排，怎样支使，怎样对付；或把物怎样处理，或把事情怎样处理。"关于"处置式"的论断，是汉语构式语义的早期重要论述。朱德熙认为汉语语法特点主要有两条：一是汉语词类跟句法成分（就是通常说的句子成分）之间不存在简单的一一对应关系；二是汉语句子的构造原则跟词组的构造原则基本上是一致的。黄伯荣、廖序东认为汉语语法的特点表现在四个方面：一是语序和虚词是表达语法意义的主要手段；二是词、短语和句子的结构原则基本一致；三是词类和句法成分不是简单的对应关系；四是量词十分丰富，有语气词。语法结构、语法意义、句法成分是经常提及的重要语法概念。此外，在传统语法著作中，也常常提到格式和句式，如句式特点及归属问题、句式的成因及历时演化、与相关句式的变换分析等问题。范晓对句式的定义：句式是句子的语法结构格式，即指由一定语法形式显示的、表示一定语法意义的句子的结构格式（"结构格式"也可简称"构式"），具体可表述为由词类序列、特定词（或特征字）、固定格式、语调等形式显示的包含句法结构和语义结构及具有语用功能的句子的结构格式。宗守云指出，句式、格式、构式应该看作着眼点不同而使用的术语，句式是着眼于语法单位的，格式是着眼于语法形式的，构式是着眼于语法意义的。刘大为从构式的不可推导性出发，通过探讨不可推导性在语言中的种种表现，提出了语法构式和修辞构式的区分且界定了它们的基本性质，并将这两种类型的构式分析为一个连续统。随着国外构式理论的系统引入和发展，汉语构式研究主要集中于基于具体构式的特征分析及相应的理论提炼、构式生成机制的探讨、对经典构式理论的反思和新构式理论的构建、基于构式语法的历时研究、构式习得、构式教学等方面，其中对各类句式、特定格式、具体语块等的形义关系的研究是重点。

我们认为，汉语属于话题优先型语言，话题结构在汉语中的使用频率较高，一般用一定的形式表达一定的意义，且整体意义不能从构成成分中预测，因此汉语话题结构可视为话题构式。在话题构式研究中，话题个例的微观研究较多，如对话题结构"X 是 X""X 都 X 了，V 也 V 了""X 就 X""VOV 的"等结构进行研究或将其与相似结构进行分析比较。这就表明，在话题结构的共性理论研究之外，各类型话题构式的个性特点研究也是话题构式研究的重要视角，可以为理论研究提供实证，也为本书的动类拷贝式话述构式研究提供重要的参考。

1.1.2 研究对象

徐烈炯、刘丹青指出，拷贝式话题跟句子中的主语、宾语甚至谓语动词完全同形或部分同形，同形的成分在语义上也是同一的。话题可以是名词性的，也可以是谓词性的。拷贝，是指将某个语言成分"复制"到同一个句子中的另一个句法位置。同时，他们认为在部分语言中，具有较高语法化程度的话题应成为小句成分库藏中的一个句法成分,并作为显赫范畴发展出多种扩展功能。因此,话题不仅应是语篇分析的研究对象,还应是句法语义分析的研究对象。邱述德、臧国芝认为TC反映一个言语在一定的语境中以一确定的对象为基础进行信息传输的心理模式。本书赞同上述将话题作为汉语句法成分的观点,使用"TC结构"的"话述结构"说法,将研究对象确定为"动类拷贝式话述构式",以区别于传统倾向于纯语用概念的"话题结构"。动类拷贝式话述构式是拷贝式话题结构的一种类型,是指动词性话题跟句中的谓语动词或动词性结构完全同形或部分同形,语义上同一或相关的结构。例如:

① 同意倒是同意了的。不过,满以为还会长高些,因此才娶的呀!
② 去香山去香山吧,就这样定了!
③ 我们可能有漏洞,他连说都不敢说。
④ 盛夏的天气常常又闷又热,树上的叶子一动都不动。
⑤ 这个没有,保留我是毫无保留,没有一点保留。
⑥ 是自己的,谁也抢不走;不是自己的,偷也偷不来。
⑦ 算了,摊都摊牌了,就不信如果她坚持去找雷廷昭,天仰哥能拿她怎么样。
⑧ 苏澜眼睛一眯,沈醉皱眉,火上浇油就浇吧。
⑨ 照啊,你说一望便知,现今望十望百望也望了,怎地还不知啊?
⑩ 这一倒车倒出事了。
⑪ 玩命玩了三十年,现在我有珍惜生命的理由了,哪敢再漫不经心?
⑫ 牵牛要牵牛鼻子,回收催化剂的关键设备旋风分离器的改造"首当其冲"。
⑬ 你怎么脸色不大好?想家想的。

例②中,话题"去香山"和述题谓语形成拷贝关系;例③中,话题"说"和述题谓语中心语形成拷贝关系,话题标记为"连……都……";例⑤中,话题"保留"和述题谓语中心语形成拷贝关系;例⑦中,话题"摊"和述题谓语中心语"摊牌"形成拷贝关系,话题标记为副词"都";例⑧中,话题动词"浇"和述题谓语中心语形成拷贝关系;例⑪中,话题动词"玩"和述题谓语中心语形成拷贝关系。上述例句中的话题跟句子中的谓语或谓语中心语完全同形或部分同形,形成完全或部分拷贝关系,语义上同一或相关,就是我们所要研究的动类拷贝式话述构式。

1.2 国内外研究现状

1.2.1 汉语拷贝结构相关研究

1.2.1.1 定义和类型

汉语拷贝结构从名称和界定上，不同学者使用的术语和分类都不尽相同，王力最早提出了"叙述词复说"，戴浩一、叶蜚声提出了"动词照抄现象"，还有"同语复用固定结构""同语式（格）""重动句""动词拷贝结构""回声拷贝结构"等，具体分类论述如下。

一是同语复用固定结构。张炼强指出，现代汉语里有一些语法结构出于结构完整性考虑必须在某些固定的词语之间定位重复使用同一个词语，这就是同语复用固定结构，并具体分为55个小类。

二是同语式（格）。典型同语式"X 是 X"研究超过了其他类型同语式研究，如"X 归 X""X 便 X""X 倒 X""X 就 X""X 的 X"等不同系词联系的同语式研究较少。张弓首先提出了"同语式"名称，指的是"主语、表语同一词语，构成压缩性的判断句"，并分为单提式和对举式。彭增安、张少云命名为"同语格"，指出同语格的主语、表语（或称"宾语"）是同一词语，汉语同语格大体可分为单提式同语和对举式同语（比较对待式同语），甚至可以有并列多项式同语。邵敬敏认为同语式的基本格式为肯定式"X_1 是 X_2"和否定式"X_1 不是 X_2"，变式有五种：同位式同语、准系词同语、对举式同语、转折式同语、前修饰同语。吴硕官讨论了由体词构成的"是"字前后词语相同或词组的中心成分相同的格式"N 是 N"格式，分析其结构和功能，指出其语义特点。齐沪扬、胡建锋认为"X 是 X"是负预期量信息标记格式。丁晓俊分析了同语式的对举格式"A 是 A，B 是 B"的内部构成和句法功能。李洁分析了同语式构式"VP 也是 VP"的构式义，认为它是一个主观化很强的构式，其形成与认知凸显、语用推理、构式压制等多种因素有关。

三是重动句。赵元任指出一个动词既有宾语又有补语的时候，常常重复动词，造成连动式，特别是如果动宾之中有黏着部分或者是一个惯用语，说话的人就不愿意把它们分开。刘维群最早提出"重动句"这一称谓，指谓语部分重复使用了同一动词的单句格式。范晓提出复动"V 得"句是谓语动词后带有宾语、再重复动词后加上"得"、而后再引出补语的一种"V 得"句，并用三个平面语法理论分析其特点、句式的变换和变化。刘雪芹指出所谓重动句指谓语动词后带有宾语，再重复动词后带上补语的一种单句。事实上，重动句包含了两种动词类型：一是动词重复后构成的重动句，二是动词性语素重复后构成的重动句。

四是动词拷贝结构。李讷、石毓智提出"动词拷贝结构"抽象格式为：(V+O) + (V+C)，其中，V为动词，O为宾语，C为补语，两个V代表同一个动词。该定义和一般的重动句定义类同。

五是回声拷贝结构。王灿龙首先提出"回声拷贝结构"是现代汉语中一种常见但又较特殊的句子形式，是"回声"和"拷贝"两种手段共同作用的产物。拷贝结构如果用公式来表示，则可以记为：S, A 就 A。吴春相、田洁认为"回声拷贝式"是一种主观化和交互主观化融合的特殊修辞构式。

六是框式结构和待嵌格式。邵敬敏对"框式结构"进行了界定，将框式结构的类型分为双项双框式、单项双框式、双项单框式、单项单框式四个类型。董淑慧、宋春芝运用主观化理论研究汉语框式结构，涉及程度范畴（如"A+到+不能/再A"）、否定范畴（如"V+哪门子+N"）、评价范畴（如"看把+NP+VP+的""好你个+NP"）等，讨论汉语主观量框式结构，论及"V+上+数量结构""V+他+数量结构""V+个+数量结构"等以及方言"主观性"和"主观量"表达。周荐首先提出"待嵌格式"这一名称，是指"两字交替显现、两字（个别的为多字）交替隐含而须人们在使用中将隐含的字填补进去以成就一个新的词汇单位的准四字格式"。孟祥英对"待嵌格式"做出了进一步界定，按照同形与否，可分为固定部分同形（同一个词）和固定部分不同形（不同的词）两类。

七是"V副VP"结构。"V副VP"结构研究众多，其中副词尤以"都""也""又""再""就""还"居多。史锡尧提到了"V都V……"格式，分析了副词"都"的语义语用意。王圣博在语篇语境下考察"V+也/都+VP"构式，分析"也"和"都"的语义基础、虚化程度不同，"V也VP"和"V都VP"在搭配方式、表达侧重、篇章连贯三个方面存在不同程度的差异。

八是拷贝式右置句。荣晶在跨语言视觉下对比跨语言相关句式时发现汉语右置句在信息功能上的特性，其信息功能特性由不同指称语的特性所致。

九是个别拷贝构式。主要是指对"X 都 X 了""V 也 V 了""X 是 X""N 不 N""A 就 A""VOV 的"等结构进行研究或将其与相似的结构进行分析和比较。贺炜在考察"V 都不 V"格式时，运用了"三个平面"理论、构式语法理论等来研究动词在此格式中的用法和意义，以及整个格式在句法中的意义。胡媛媛从

"三个平面"理论出发,结合框架语义学、模糊语言学和认知语言学等相关理论对"半A半B""半A不B"这两种相关格式进行更加全面而深入的系统比较研究。孙彦博以"X比N还A"和"X比N还N"两个构式为例探讨了二者从语法构式到修辞构式这一连续统的演变。彭琴运用构式语法理论,对"VOV的"进行了构式鉴定,并运用"构式-语块"分析法对"VOV的"进行了比较详细的考察。周莉、曹玉瑶在互动语言学背景下,从语义和语用角度对汉语口语中两个常用构式"V都V了"与"V就V吧"进行了比较研究。

从上述关于汉语拷贝结构的定义和类型可以看出,学界对拷贝结构的界定存在着分歧,对于拷贝结构的内涵和外延认识不一。刘雪芹曾指出,关于重动句"这几个名称事实上也反映了学者对重动句的不同立场,一是体现了词本位思想,二是体现了词组本位思想,三是体现了句本位的思想,等等",并认为"'动词拷贝结构'是把动词短语作为研究的重点"。在上述研究中,分别从拷贝结构的句法构成、句法标记、框架格式等角度分析,用"同语复用固定结构""同语式""重动句""动词拷贝结构""回声拷贝结构"等命名汉语拷贝结构,而真正用"拷贝"二字概括拷贝结构的寥寥无几,仅见于"动词拷贝结构""回声拷贝结构""拷贝式右置句"三种。

1.2.1.2 话题性研究

刘丹青、徐烈炯指出,拷贝式话题结构指句法结构中话题(含次话题)和述题中的某个成分完全或部分同形,同形成分在语义上也是一致的,形成一种拷贝(复制)关系,并分析了上海话和普通话中的拷贝式话题结构的类型和特征。郭利霞论证了山西山阴方言的两种无标记的拷贝式话题句:对举式拷贝话题句和谓词拷贝话题句,从语用上看,前者主要是进行客观叙述,后者则表示消极下抑的主观性语势。张兴以子长方言中较特殊的五类拷贝式话题结构作为研究对象,分别对各个结构的形式特点、语义内涵、语法功能和语用效果等进行详细的描写和分析。

1.2.1.3 认知语用研究

李晗蕾从系统功能理论视阈研究"X是X"结构,分析了其结构特点、概念功能、人际功能、语篇功能。曾海清、阮绪和分析了同语式"X是X"的语用意义和篇章功能。范振强从动态范畴构建视角分析了同语式"N是N"的理解机制。石飞主要是在认知语用的理论视角下,研究现代汉语同语式"X+(ADV)是X"的意义,认为同语式"X+(ADV)是X"是一个独立存在的构式,其构式基本义是"主观性界定",即说话人主观界定对象与内容之间的关系,再由关系推衍出语用价值与话语功能。罗主宾认为同语式"A+语气副词+是+A"体现了说写者申辩的主观性。许洋洋从词汇语用学视角分析了同语式"N 是 N"词义调整的认知语用机制。

1.2.1.4 历时演变研究

张爱玲把包括现代汉语拷贝构式在内的构式共时特征研究与历时演变研究有机结合起来,以其历时形成来解释其共时特征,用构式的共时用法来启发对构式历时形成的考察或细节构拟,从而揭示现代汉语构式的历时形成的机制和动因。赵林晓、杨荣祥、吴福祥分析了近代汉语"VOV 得 C"重动句的类别、来源及历时演变。叶磊梳理了汉语"(S)+V₁O+V₂ 得 C"式重动句自产生以来的演变轨迹,并对其演变机制做出了适当的解释。

由上述分析可知,近年来,在汉语拷贝结构的定义和类型、话题性、认知语用、历时演变等方面均有相当深入和细致的分析和描写,但此类研究多局限于某个特定构式的考察,存在着研究内容单一、分散,没有对拷贝结构体系成系统、成体系进行描写、分析、解释的问题,个别拷贝结构描写分析的细致性、深入性还有待于提高。因此,亟待把拷贝结构作为一个整体系统进行研究,并发掘该结构系统的结构特征和语法机制。本书所指的动类拷贝式话述构式,包括上述关于同语式、重动式、动词拷贝结构、回声拷贝结构、"V 副 VP"构式中的动词句法拷贝构式形式,还包括其他一部分具有拷贝形式的动词性话述构式。因此,汉语动类拷贝式话述构式作为汉语拷贝结构的一部分,对其进行系统研究可以充实拷贝结构理论研究,也为汉语语法学理论及语言类型学研究提供有效参考。

1.2.2 汉语话题结构相关研究

关于汉语话题,赵元任最早使用"话题"和"述题"这两个概念,他认为汉语主语与谓语之间的关系其实就是话题和述题之间的关系。李讷与汤普森认为汉语属于话题优先型语言。有关话题结构的研究涉及话题与主语、话题标记及话述构式的句法、语义、认知和习得等方面。

1.2.2.1 话题和主语

关于话题和主语的关系问题,一直是传统语法学界争论不休的问题。传统观点认为,话题是语用层面的概念,主语是句法层面的概念。近年来,学界多从功能、信息、认知、句子加工、双语对比等视角研究话题和主语的关系。杜小红借助认知理论，从话题和主语的分离与重合两个方面重新考察二者关系，发现二者均可视为激活和通达目标命题的认知参照点。徐烈炯、刘丹青认为话题和主语都是句法成分，根据话题和主语的位置关系，可将话题分为主话题、次话题和次次话题三种类型。

从上述研究来看，话题和主语的关系问题还有较多争论，还未取得较为一致的意见。具体来说，话题属于逻辑学的概念范畴，人类具有共性思维，对话题的认定比较一致，但其中对话题是话语成分还是句法成分这一问题的看法存在一定的分歧；主语是语法学的概念范畴，从不同的分析角度来看往往有不同的结果。另外，对于名词性话题和主语的关系讨论较多，而对于动词性话题和主语的关系研究关注较少。

1.2.2.2 话题标记

汉语具有话题优先性特点，因此汉语中没有严格意义上"高度专用化和形式化"的话题标记。以往对于话题标记的研究，主要集中在以下几个方面。

一是话题标记的界定。学界在以下几点上达成了共识：汉语话题标记的重要功能是标示话题，但这不是唯一功能，可能还兼有其他与话题性有关的语义或话语功能；话题标记在汉语使用中没有强制性，并非专用标记，具有可选性；一个语言形式在充当话题标记时所负载的其他功能（如情态、语义、语用、语篇、信息）越少，其作为话题标记就越典型。

二是话题标记的类别。雷莉根据汉语的实际归纳出语气词类、介词类、动词类、代词类、关联词类、停顿类这六种话题标记。邓凤民将电视谈话语体中的话题标记分为词汇形式和语音形式两种。词汇类包括介词、动词和代词这几种形式；语音类（口语特有）包括语气词、话题后的停顿和话题的复现。王建国根据介词话题标记的形式，分为具有元语言功能的话题标记和无元语言功能的话题标记两种类型，并下分为不同小类。

三是话题标记的个例研究。这类研究既有话题标记的共时描写分析，如汉语各类型话题标记和方言专有的话题标记分析，又有话题标记的历时研究。陈昌来认为介词具有语义标记功能，常标引话题的介词有客事介词（对、对于）和关事介词（面对、针对、关于、就、至于、围绕等）。王蕊认为"对于""关于""至于"都具有话题标记功能和相应的篇章衔接功能，但同中有异。李晋霞以"如果说"为例，提出从假设标记发展为话题标记是语言发展的一种共性。董秀芳讨论了汉语话题标记的几种来源，通过汉语历史文献中的例证，指出一些处所标记、指示代词和名词化标记可以演变为话题标记。鲁莹认为通过句法成分提取,"X的"实现了名词化、话题化,"X的是"结构具有话题性、导向性等元话语性,反映言者的元语用意识,是元话语标记。张沐舒指出"个"在金灶方言中可用于谓词性和体词性话题成分之后,是较成熟的话题标记,具有强调话题对比性的作用,是标示金灶方言对比性话题的主要手段。

1.2.2.3 话题结构

一是汉语话题结构的分类。学界对汉语话述构式的分类视角存在差异,既有不同的也存在相同的视角。徐烈炯、刘丹青根据话题和述或述题的组成部分的语义关系,把话题分为四类:论元及准论元共指性话题、语域式话题、拷贝式话题、分句式话题。其中,拷贝式话题是新提出的话题结构的类型概念,也是本书所研究的动类拷贝式话述构式的上位类型。孙成娇更为细致地划分了汉语话题结构的类型,分为左边缘话题句、右边缘话题句、中置话题句、左右边缘话题句、述题主谓结构。

二是话题结构的生成机制。现有关于汉语话题结构的句法推导,即关于话题结构的生成机制主要有移位生成、基础生成和混合生成三种分析方法。陈宗利、温宾利采用移位岛条件、重构效应以及长距离依存关系对不同类型的汉语关系结构进行测试,探讨其生成过程是否需要句法移位。杨小龙、吴义诚指出,话题链和多话题句现象进一步说明,话-述的先后序列可以解释汉语话述构式生成机制的合理性。田启林提出领有话题结构是通过领有名词提升推导生成的,它们的推导过程并没有违反任何句法规则。

三是多维度研究汉语话题结构,大致可从语义语用、认知构式、二语习得等角度进行分析。陆烁、潘海华发现在汉语领属话题结构中,句子成分的语义、语用关系在话题化允准中起到非常重要的作用,并提出具有解释力和概括力的"领属话题允准条件"。邓玲认为话题结构就其本质而言是一个认知参照点结构,其中话题作为参照点,目标是一个命题。徐晓东、陈丽娟等考察了话题结构和动词语义对回指解读的影响。张林楠基于语料库,考察了当汉语外显因果不同时动词语义与句法结构对主从句间回指产生的影响。

从上述汉语话题结构的研究现状可以看出,话题结构的分类以及个例研究还不充分,可以从话题结构的类型、话题结构的句法语义语用规律、话题结构的生成机制等内在规律的角度继续深入探究。

1.3 本书的研究思路、方法及语料来源

1.3.1 研究思路

本书首先对汉语动类拷贝式话述构式进行界定，以《汉语动词用法词典》（孟琮等编，商务印书馆1999年5月出版）中1 223个动词为考察对象，运用北京大学中国语言学研究中心语料库（CCL）、中国传媒大学媒体语言语料库（MLC）、北京语言大学语料库（BCC）等语料库搜索汉语动类拷贝式话述构式相关语料，从形式、功能、意义、形义关系、条件等方面进行分析。首先，从形式上分析话述构式在句法类型、内部构成、句型分类、多样性变换等方面的特点；其次，从功能上分析话述构式的句法功能和语用功能，主要从话题、述题和构式的句法角色，以及构式的句类分布、话题的信息特征和表达主观性等方面展开；再次，从意义上分析话述构式的语义类型、话题的指称性倾向、冗余性、表达逻辑语义关系等。

1.3.2 研究方法

1.3.2.1 描写与解释相结合

在语言研究中，描写与解释是相互依赖、相互促进的。本书将描写与解释相结合，在对汉语动类拷贝式话述构式类型的性质、特点、句法、语义、语用等进行描写的基础上，尝试运用系统运筹语法、构式语法、三维语法等语言学理论的观点和方法对动词性拷贝话述构式的成句条件、形式和意义表现等方面进行解释，力争揭示出动类拷贝式话述构式系统内在的语法机制和运行规律。

1.3.2.2 一般与特殊相结合

吕叔湘认为，一种事物的特点要跟别的事物比较才显出来，语言也是这样。要认识汉语的特点，就要跟非汉语比较；要认识现代汉语的特点，就要跟古代汉语比较；要认识普通话的特点，就要跟方言比较。无论是语音、语汇还是语法，都可以通过对比来研究。本书运用比较分析方法，在研究过程中将动类拷贝式话述构式、一般拷贝式话述构式和一般话述构式相比较，细致地分析二者的异同点，尤其是对动类拷贝式话述构式中具有特色的类型和方面进行详细考察，以发现该类型结构的一些语法特点和规律。

1.3.2.3 静态与动态相结合

本书在静态描写动类拷贝式话述构式的结构类型、语义类型、语用类型等分类体系的基础上，运用动态的视角分析话述构式各类型之间的关系，考察影响话述构式使用的成句条件，探讨话述构式形式和意义的表现及其关系。

1.3.3 语料来源

本书所引用的语料主要来自以下几个方面。
（1）北京大学中国语言学研究中心语料库（CCL）。
（2）国家语委现代汉语平衡语料库。
（3）中国传媒大学媒体语言语料库（MLC）。
（4）北京语言大学语料库（BCC）。
（5）前辈时贤论文中引用的相关例句。
（6）部分自省例句。

考虑到本书考察的对象是现代汉语共时平面的语言现象，笔者在撰写过程中对部分不太规范的例句作了必要的调整。为行文简洁，本书所用例句不一一标明出处。

1.4 本书的研究内容

本书以汉语动类拷贝式话述构式作为研究对象，分析考察其形式、意义，并试图揭示其运行机制和语法规律。首先，对动类拷贝式话述构式进行界定，按照句法说明关系将话述构式进行句法分类，分析每种构式类型的形式特点；其次，对动类拷贝式话述构式进行形式和意义两个方面的分析，形式方面包括话述构式的其他句法类型、句法角色、句类分布、句型分类、多样性变换等内容，意义方面包括话述构式的语义类型、话题的指称性倾向、话题的冗余性、表达主观性等内容。

第二章 形式分析

汉语动类拷贝式话述构式的句法类型多样，前后项的构成成分具有一定的匹配规律，在单句和复句的各种句型中使用并可进行多样性变换。以下将分类别具体论述动类拷贝式话述构式的形式特点。

2.1 句法类型

2.1.1 基本类型

按照动类拷贝式话述构式中话题和述题成分的线性长度以及完全或部分同形与否，结构内部可分为等式、扩充式、缩减式和交叉式四种类型。等式是指话题和述题完全同形（如有情态标记、话题标记不计在内，下同）的话述构式；扩充式是指述题构成成分多于话题构成成分的话述构式；缩减式是指述题构成成分少于话题构成成分的话述构式；交叉式是指话题和述题的构成成分相比，除拷贝成分之外，还具有其他成分且线性长度不同的话述构式。

2.1.1.1 等式

等式是指话述构式中话题（前项）和述题（后项）完全同形，一般分为词和词拷贝，或短语和短语拷贝两种类型，话题和述题形成全拷贝关系。以下用"v（动词性语素）、V（动词）、VP（动词短语）"等符号组合分别表示话题或述题，两者用"+"连接构成话述构式。

（1）V+V

词拷贝是指话题和述题都为相同的动词，形成拷贝关系，动词为单双音节形式。例如：

① 你<u>去去</u>呗！

② <u>同意倒是同意</u>了的。不过，满以为还会长高些，因此才娶的呀！

③ <u>埋怨是埋怨，惦记还是惦记</u>。

④ 哈哈，<u>说说归说说</u>，你们走了，锅锅要送的。

例①中话题和述题都为动词"去"，形成全拷贝关系；例④中话题和述题分别由动词"说"的重叠形式充当，形成拷贝关系。

值得注意的是，上述等式为一次拷贝形式，此外还有两次及两次以上拷贝形式，可称为多次拷贝形式。多次拷贝发生于同一话题结构中，主要表现为话题的多次拷贝，呈动词拷贝形式。例如：

⑤ 走走走走走要走趁早给我走。
⑥ 你说我是看还是看还是看啊？

例⑤中，述题谓词经过一次拷贝形成"走要走趁早给我走"话题结构，然后话题经过四次拷贝形成重叠话题"走走走走走"，最终形成多次拷贝话述构式。

（2）VP+VP

短语拷贝是指话题和述题都为相同的动词短语，主要为动宾短语、动补短语、状中短语、主谓短语、"的"字短语等，话题和述题形成拷贝关系。例如：

⑦ 去香山去香山吧，就这样定了！
⑧ 生活当中，觉得有的时候熬一晚就熬一晚，第二天无所谓。
⑨ 说什么抢劫就是抢劫，偷盗就是偷盗，从锁着的地方盗窃就是从锁着的地方盗窃。
⑩ 别人议论是别人议论，最后的胜利，也许说不定就落在老蒋的身上。
⑪ 开车的就是开车的，擦鞋的就是擦鞋的。

2.1.1.2 扩充式

扩充式是指话述构式中述题的构成成分多于话题的构成成分，话题一般由动词（动词性语素）构成，述题一般由动词或动词短语构成。

（1）v+V

该小类中，话题为动词性语素（参照述题动词构成成分），述题一般为独立谓语，话题和述题形成被包含和包含的关系。例如：

⑫ 算了，摊都摊牌了，就不信如果她坚持去找雷廷昭，天仰哥能拿她怎么样。
⑬ 这个包喜欢吗？喜是喜欢，就是太贵了。

（2）V+VP

该小类结构中，话题为动词，述题主要由动补短语、动宾短语（含"动+补+宾"短语、"动+宾+宾"短语等）、状中短语及主谓句等构成，话题和述题形成被包含和包含的关系。例如：

⑭ "我去过一次，"小坡坚决地说，"摸总摸得到的。"
⑮ 我走又走了一公里路。

⑯ 跑死正好走人，我爬也爬回空降兵！

⑰ 跟着导演走，跟着大家一起走，走走走才会走出一个和自己以前设想不一样的路来。

⑱ 送是送了我一个黄纹小包，不过，可不是什么好玩之物。

⑲ 这时媚兰将一只手塞进了她的手里，好像在寻求安慰似的，可是她连捏都没捏它一下。

⑳ 哎，这个钱倒没挣，吃倒会吃的。

㉑ 抢也要把项目抢到手！

㉒ 这炒就把它炒成土豆泥了？

㉓ 卖，我是不会卖的。

㉔ 表扬不需要我表扬，市场自然会表扬。

㉕ 学习学习不够别人来，身材身材没别人好，温柔温柔没别人温柔。

2.1.1.3 缩减式

缩减式是指述题构成成分少于话题构成成分的话述构式。话题一般由动词短语或动词构成，述题一般由动词（动词性语素）构成。

（1）VP+V

该小类结构中，述题为动词，话题主要由动宾短语、状中短语和动补短语等构成，话题动词和述题形成拷贝关系，话题和述题形成包含和被包含的关系。例如：

㉖ 他和张老五，在当地打也打了，砸也砸了，强行盖房也盖了，要钱也要了。

㉗ 看得见的球好扑；看不见的球队之患，难扑。难扑也要扑！

㉘ 今天吃了一天了，吃不下也要吃！

（2）V+v

该小类结构中，话题主要由动宾式离合词构成，述题主要为动词，话题中动词性语素和述题形成拷贝关系，话题和述题形成包含和被包含的关系。例如：

㉙ 唱歌唱的。

㉚ 滑冰滑呗！

2.1.1.4 交叉式

交叉式是指话述构式中话题和述题的构成成分相比，除拷贝成分之外，还具有其他成分且线性长度不同。话题和述题形成交叉关系，其中交叉的部分为拷贝成分，其余成分互相独立。交叉式可分为四种小类：第一类的话题和述题都为动词短语，话题动词和述题谓词形成拷贝关系；第二类的话题为动词，述题为动词短语，话题中的动词性语素和述题谓词形成拷贝关系；第三类的话题为动词短语，述题为动词，话题动词中的动词性语素和述题谓词形成拷贝关系；第四类的话题为动词短语，述题为话述结构，且其中又包含了由动补短语构成的话题和述题，形成了双话题结构，即大话述结构中包含小话述结构，大小话题中的动词和大小述题中的谓词形成拷贝关系。

（1） VP_1+VP_2

该类型中，话题主要由动宾短语、状中短语、动补短语、"的"字短语、主谓短语等构成，述题主要由动宾短语（含"动+补+宾"短语等）、动补短语、状中短语、"把"字结构及主谓句等构成，话题动词和述题谓词形成拷贝关系。例如：

㉛ 你打球打了几年了？

㉜ 一个小伙子要求仇师傅倒一下车，这一倒车倒出事了。

㉝ 呵呵，上海的体院小孩，不得了。跳绳都能跳出这么多花儿来。

㉞ 有钱的人全来了，甚至抽奖抽宝马轿车。

㉟ 单位交通不方便，平常打车不好打，我每次都打电话预约。

㊱ 真是的，这摔一跤就把我摔糊涂了。

㊲ 这就是一个说话的职业，说话谁不会说。

㊳ 你教这孩子英语教早了。

㊴ 爸爸叫小明起床叫得太晚了。

㊵ 用安瓦尔自己的话说，他等待这场补选已经等了太久了。

㊶ 令消费者购买电池买得方便、买得放心，也是电池生产厂家一项紧迫的工作。

㊷ 250块饼干不翼而飞，我怎么找也找不到。

㊸ 你等着看，凭我的西装、雪茄、气度、学问，我到革命政府里随便捡也捡个外交总长！

㊹ 11岁时，小艾力在叔叔家看见一辆女式摩托，骑上一试就骑出了兴趣。

㊺ 我看着他长成今天这样！您知道摔多少次才摔出个结果来吗？您这是把他全毁了呀！

㊻ 李爽的手伸进衣兜掏钥匙，掏半天也没掏出来。

㊼ 三项消耗的降低就降低成本3亿元。

㊽ 他打没人敢跟他打，都要给他赢。

㊾ 笑骂由他笑骂，好饭我自吃之，这究竟有什么意义呢？

（2）V+vP

该类型中，话题由动词构成，述题主要由动宾短语（含"动+补+宾"短语、"动+补₁+宾+补₂"短语等）、动补短语、状中短语、主谓短语等构成，话题动词的动语性语素和述题谓词形成拷贝关系。例如：

㊿ 那个小孩发烧烧了一嘴泡。

51 提高人的素养是一个前提，人的素养提高不了，经济发展方式改变也是变不了的。

52 我昨天晚上做梦还梦见他了，很诡异啊！

53 太古时代英雄们的思考方法与切嗣相去甚远，使他连叹气都叹不出口来了。

54 由于表现主义者描写的并非个别人而是人的"原型"，这个揭发就揭到全人类头上去了。

55 路两边，商铺不让修，拆迁没拆到位。

56 李超练功在早上练。

57 地震震得墙倒屋塌。

58 汤姆枪扫是扫掉了几个敌人，打死敌人师长骑的一匹马。

59 我全是瞎碰碰上的。

60 跑步我跑。

（3）vP+V

61 感觉还是家里好，在外边打工也是打工，打十年、二十年还是打工。

62 说谎就是说谎，说一次也是说谎。

例61中，话题为动补短语"打十年、二十年"，述题为动词"打工"，话题动词"打"与述题谓词"打工"中动词性语素"打"形成拷贝关系。

（4）VP₁+（VP₂+VP₃）

63 李爽的手伸进衣兜掏钥匙掏半天也没掏出来，因此也就一直站着，梅云清眉心掠过一丝尴尬。

64 发同条微博发两遍都发不出去，是怎样怎样怎样！

例64中，双话题结构由"发同条微博（话题1）"+"发两遍（话题2）"+"都发不出去（述题）"构成，其中"发两遍都发不出去（话题2+述题）"可作为"发同条微博（话题1）"的整体述题，其中两个谓词"发"和"发同条微博（话题1）"中的动词"发"形成拷贝关系。

2.1.2 层次类型

徐烈炯、刘丹青指出，汉语作为一种话题优先型的语言，汉语的话题在句法上有与主语、宾语同等重要的地位，话题与主语、宾语一样是句子的基本成分，从层次分析的角度看，话题在句子层次结构中占有一个特定的位置，并将话题分为三类：主话题、次话题和次次话题。所谓主话题（用“T”表示，下同)，是指位于句首的话题，即全句的话题，是位于所有非话题成分之前的话题；次话题（用“t”表示，下同）指的是动词短语或者谓语的话题，通常位于主语和谓语动词之间，或主话题和谓语动词之间；次次话题（用“t'”表示，下同）指的是不但位于主语之后（如句中有主语)，而且位于句子的主要动词之后的话题。通过语料搜索我们发现，在动类拷贝式话述构式所在的句子中，有的句子只有一种类型的话题，有的句子有两种或两种以上类型的话题，可将动词性拷贝话题分为单一型、复杂型和兼类型三种类型。

2.1.2.1 单一型

单一型动词性拷贝话题是指在汉语句子中，只有一种类型的话题，即主话题、次话题、次次话题只有其中之一。

（1）主话题型

主话题型是指只有话题而没有主语，以及既有话题又有主语这两种情况，主语一般位于主话题之后。例如：

(65) 停么停三辆车的，一辆都不开的，要开的车都不知道什么时候来。

(66) 说老实话，真正吃药吃的就是两种，最多了。

(67) 睡他睡的是席梦思，我睡的是木板床。

(68) 跑步我跑了将近三十年。

在上述例子中，主话题一般为光杆动词，如例(65)中的单音节动词“停”；主话题也可为动词短语，如例(66)为动宾短语“吃药”。主话题也可为动宾式离合词，如例(68)中的“跑步”。句子中的主语有时紧接着主话题，如例(67)中的主话题“睡”和主语“他”。

（2）次话题型

在动类拷贝式话述构式中，动词或动词性结构经常充当次话题，一般位于主语之后。例如：

⑥⑨ 我<u>生为革命生，死为革命死</u>。

⑦⓪ 我打个电话问一下我上师，<u>喝红酒</u>能不能喝呢？

⑦① 他现在<u>打球</u>根本打不了。

在例⑥⑨中，主语为人称代词"我"，次话题分别为"生为革命生，死为革命死"话述构式中的动词"生、死"，次话题紧邻主语出现；例⑦⓪中，主语为人称代词"我"，次话题为动宾结构"喝红酒"，次话题有的和主语在同一句中（例⑥⑨、例⑦①），有的在另一个小句中（例⑦⓪）。

（3）次次话题型

次次话题型是指在话述构式所在的句子中，动词不但位于主语之后，而且位于句子的主要动词之后。次次话题主要出现在兼语句中。例如：

⑦② 我叫他<u>吃饭也不吃，睡觉也不睡</u>。

⑦③ 派党支部书记去请还请不回来！

在例⑦②中，主语为人称代词"我"，次次话题为"他吃饭也不吃，睡觉也不睡"话述构式中的动宾短语"吃饭、睡觉"，位于句中的主语"我"和主要动词"叫"之后。

2.1.2.2 复杂型

徐烈炯、刘丹青指出，在话题优先的语言和方言中，话题可以有多层性的表现，在同一个小句中，话题可以不止一个，话题不可能都在句首位置，而是有可能处在不同的结构层次上。同样，复杂型动词性拷贝话题是指在句子中同时包含主话题、次话题、主语等两者或两者以上的类型。在该类话述构式中，次话述构式整体作为主话题的述题，具有属性说明性，而不再是事件句。

（1）次话题型

次话题型是指动词性拷贝话题在句中充当次话题，一般位于句中主话题或主语之后。

A. 句子中同时包含主话题、次话题

在该类型句子中，同时包含名词性主话题和动词性拷贝次话题，包括单个次话题和多个次话题两种情况。

⑦④ 呵呵，**家里带的这被子**$_i$真舒服，暖和，$_{i\phi}$<u>踢啊踢不动</u>。

⑦⑤ <u>造的那些田</u><u>泡也泡了</u>，修她奶奶河堤弄啥？！

⑦⑥ **中国人的本性**$_i$，$_{i\phi}$<u>死也要死个明白</u>。

⑦⑦ **那干涸的甚至连骆驼草都不长的戈壁滩上**$_i$，除了一望煞白，$_{i\phi}$似乎用手挤也

挤不出一滴水来。

㊆⑧ 你看周秘书**那白里透红一身好肉**$_{i,j\phi}$煎油都煎得一大锅。

这里的 i 表示指向，Φ 表示空位。在一个句子中，有两个指向的话，分别用 i 和 j 表述。

例㊆④至㊆⑤中的名词性主话题为话题化话题。例㊆④中的主话题"家里带的这被子"为链话题，由指示代词"这"引出，其语义管辖范围至次话述构式"踢啊踢不动"，是谓词"踢"的受事宾语话题化至小句句首形成的，次话题标记为"啊"。

例㊆⑥至㊆⑦中的名词性主话题为语域式话题。例㊆⑥为解释型语域式话述构式，主话题为名词性定中结构"中国人的本性"，述题为次话述构式"死也要死个明白"，述题是对话题的解释说明，次话题为动词"死"；例㊆⑦为地点型语域式链话述构式，主话题为名词性方位结构"那干涸的甚至连骆驼草都不长的戈壁滩上"，述题为次话述构式"挤也挤不出一滴水来"，主话题是述题动作行为发生的地点，次话题为动词"挤"。

例㊆⑧中的名词性话题为论元分裂式话题，名词性主话题由谓词受事宾语分裂而来，受事宾语一般为数量结构或"的"字结构。例㊆⑧中的主话题名词性结构"那白里透红一身好肉"为套接式链话题，次话题"煎油"中的受事宾语"油"是由谓词"煎"的受事宾语"一大锅油"经分裂后话题化而来，其中心语"油"话题化至小句句首成为次话题成分，数量词"一大锅"留在原地充当谓词宾语，主话题语义管辖范围至次话述构式"煎油都煎得一大锅"。

㊆⑨ 既然你这么行，**桌上**$_i$**那份报名表**$_j$为什么不寄出去？$_{ij\phi}$填都填好了，不是吗？

㊇⓪ 有时候学员渴了饿了，直接顺手就会摘个**黄瓜**$_i$、**西红柿**$_j$啃，$_{ij\phi}$连擦都不擦。

例㊆⑨中的主话题分别为语域式地点话题"桌上"和话题化话题"那份报名表"的组合，该双主话题为链话题，其语义管辖范围至第二个句子，述题为次话述构式"填都填好了"，动词"填"为次话题。例㊇⓪中的主话题为话题化话题，由并列名词"黄瓜、西红柿"充当，该双主话题为链话题，其语义管辖范围至第三个小句，次话述构式"连擦都不擦"充当述题，动词"擦"为次话题。

㊇① **你**$_i$到那么远的地方去当兵，妈叫你也叫不着，$_{i\phi}$看也看不到，还是留在妈的身边吧。

㊇② 为了**集体的事**$_{i,j\phi}$吵是吵，$_{i,j\phi}$嚷是嚷，心里没仇没恨的。

例㊇①中的名词性主话题为话题化话题，主话题"你"是链话题，其语义管辖范围至第二个小句，由谓词"叫"和"看"的受事宾语话题化而来，次话述构式

"叫你也叫不着""看也看不到"整体充当述题,主话题和次话述构式"叫你也叫不着"中的"你"形成复指关系,动词"看"是次话题。

B. 句子中同时包含主语、主话题、次话题

㊳ 关于**留级一年的话**ᵢ,ᵢΦ她连**听**也不肯听。
㊴ **整个暑假**ᵢ,ᵢΦ他**跑**钟家跑得最勤。
㊵ 今天**这衣服**你**买**也得买,不买也得买!
㊶ 才**五十块钱**ᵢ嘛!——ᵢΦ我**借**也借得到,**抢**也抢得来,**造**也造得成,**死**也死得出呀!

例㊳中的名词性主话题"留级一年的话"为谓词"听"的受事宾语话题化而来,主语为"她",次话述构式"连听也不肯听"整体作为述题,动词"听"为次话题。例㊴中的名词性主话题"整个暑假"为时间语域式话题,主语为"他",次话述构式"跑钟家跑得最勤"整体作为述题,动补结构"跑钟家"为次话题。例㊵中的名词性主话题"五十块钱"为链话题,其语义管辖范围至第二句中的全部四个小句,四个次话述构式作为述题,动词"借""抢""造""死"为次话题。

(2) 次次话题型

次次话题型是指动词性拷贝话题在句中充当次次话题,一般位于句中主要动词之后。

A. 句子中同时包含主话题、次话题和次次话题

㊷ 从此开始中国的长篇小说,就在写那个日常的"道"当中,而这个**三戒**又戒不掉,**少年人**你叫他**戒色**戒不了,**中年人**叫他**戒斗**也戒不了,**老年人**叫他**戒得**也戒不了。

例㊷中的主话题为数量结构"三戒",次话题"少年人""中年人""老年人"分别为小句中主要动词"叫"的受事宾语话题化而来,次次话述构式"戒色戒不了""戒斗也戒不了""戒得也戒不了"位于主要动词"叫"之后,其中动宾短语"戒色""戒斗""戒得"为次次话题。

B. 句子中同时包含主语、次话题和次次话题

㊸ 饼是粘着芝麻的那种烧饼,他咬了一口,**一粒芝麻**ᵢ就掉到了桌缝里,ᵢΦ**抠**,抠不出来,ᵢΦ再**抠**,还是抠不出来。
㊹ 夏娜正面面对爆炸,**眉毛**连**挑**也不挑一下。

例㊸中的主话题为名词性数量结构"一粒芝麻",该话题为链话题,其语义管辖范围至第四到第五小句中的次话述构式"抠,抠不出来,再抠,还是抠不出

来”，两个次话题为“抠”“再抠”，主语为“他”。例(89)中的名词“眉毛”位于主语“夏娜”之后，是次话题，次次话述构式“连挑也不挑一下”整体作为次话题“夏娜”的述题，动词“挑”为次次话题。

2.1.2.3　兼类型

兼类型是指动词性拷贝话题同时充当主话题和次话题，形成“动+动”型话述构式。该类型话述构式一般为顶真式，即前一句中末尾的词或短语在下一句句首位置上进行拷贝，形成下一句中的动词性拷贝话述构式中的话题。例如：

(90) 表演呢，表演也不一定这样表演，这样表演不是欺骗人嘛。

(91) 打人，打人还是打人，很多年前，人们就气愤于他这样的行为。

例(90)中的主话题为动词“表演”，次话述构式“表演也不一定这样表演”整体作为述题，其中次话题“表演”与主话题形成复指关系；例(91)中的主话题为动宾结构“打人”，次话述构式“打人还是打人”整体作为述题，其中次话题“打人”与主话题形成复指关系。

下面将动类拷贝式话述构式层次的类型归纳如表 2.1。

表 2.1　动类拷贝式话述构式层次类型表

结构类型	话题的小类	话题的次类
单一型	主话题型	有话题无主语
		有话题和主语
	次话题型	—
	次次话题型	—
复杂型	次话题型	句中同时包含主话题、次话题
		句中同时包含主语、主话题、次话题
	次次话题型	句中同时包含主话题、次话题、次次话题
	句中同时包含主语、次话题、次次话题	—
兼类型	主话题兼次话题型	句中同时包含主话题、次话题

由表 2.1 可知，汉语动类拷贝式话述构式具有多种类型，每种类型又可下分为不同的小类和次类，这反映了话述构式具有多样性和层次性。多样性是指动类拷贝式话述构式的类型丰富多样，具有单一型、复杂型和兼类型三种类型；层次性是指动类拷贝式话述构式具有大类、小类和次类等不同的层次，大层次和小层次

之间的话题具有不同程度的相似性和相关性。

2.1.3 拷贝成分类型

2.1.3.1 拷贝成分分布类型

在动类拷贝式话述构式中，从拷贝来源来看，话题成分为来源，述题成分为结果，因此动词性拷贝成分分布在述题内部，一般作为述题谓语或谓语中心语（如有话题标记、情态标记不计在内，下同），即拷贝成分分布在句中相关位置。

（1）谓语

在动类拷贝式话述构式中，话题动词、动词短语拷贝为述题谓语，谓语一般由动词或动词短语充当，位于句中相关位置。例如：

⑨② 算了，摊都摊牌了，就不信如果她坚持去找雷廷昭，天仰哥能拿她怎么样。

⑨③ 葛无病道："照啊，你说一望便知，现今望十望百望也望了，怎地还不知啊？"

⑨④ 去香山去香山吧，就这样定了！

⑨⑤ 不管是谁，高兴在别人屁股上踢一脚就踢一脚，高兴在别人屁股上踢一脚就踢一脚吗？

⑨⑥ 好吧！我投降就我投降吧！反正面子一斤值不了几个钱子儿。

⑨⑦ 书白读就白读了，行了吧？

⑨⑧ 开车的就是开车的，擦鞋的就是擦鞋的。

例⑨②中，话题为动词性语素"摊"，拷贝为动词原形"摊牌"充当述题谓语；例⑨③中，话题为动补短语"望十望百望"，其中动词"望"拷贝为述题谓语。

（2）谓语中心语

在该小类中，话题由动词或动词短语构成，话题或话题动词拷贝为谓语中心语，谓语中心语为动词。例如：

⑨⑨ 呵呵，家里带的这被子真舒服，暖和，踢啊踢不动。（动词+动补短语）

⑩⓪ 这缺口差钱差50万亿日元。（动宾短语+动宾短语）

⑩① 现在的话题是打新股，同时打新股也打出了不少怪事。（动宾短语+"动+补+宾"短语）

⑩② 我真想上海躺躺一天。（状中短语+动补短语）

⑩③ 那些阶梯无穷无尽，每次她爬到半路就爬不动了，于是朝右拐向一个平台。（动补短语+动补短语）

2.1.3.2 拷贝成分级别类型

按照拷贝成分的语法单位来说，可分为动词性语素、动词或动词短语形式，其中动词短语可分为主谓短语、动宾短语（含"动+补+宾""动+宾$_1$+宾$_2$"短语等）、状中短语、中补短语等形式。按照拷贝过程中被拷贝成分和拷贝成分的语法单位级别来说，可分为同级拷贝和越级拷贝两种形式。同级拷贝是指在相同的语法单位之间发生拷贝关系，如动词和动词、动词短语和动词短语之间发生拷贝关系；越级拷贝是指在不同的语法单位之间发生拷贝关系，如动词性语素和动词之间发生拷贝关系。

（1）同级拷贝

在动类拷贝式话述构式中，同级拷贝是指话题和述题中动词和动词、动词短语和动词短语之间发生拷贝关系。例如：

⑭ 你<u>去去</u>呗！

⑮ 我和她之间，一是一，二是二，<u>答应是答应</u>，<u>拒绝是拒绝</u>，再不必拖泥带水，纠缠不清。

⑯ 这个没有，<u>保留我是毫无保留，没有一点保留</u>。

⑰ 越狱后<u>掉电掉得哗哗的</u>。

⑱ 我们<u>发油补是发油补</u>，<u>安顶灯是安顶灯</u>，分工明确。

⑲ 好！<u>送回去就送回去</u>。我们马上攻城！

⑳ <u>开车的就是开车的</u>，<u>擦鞋的就是擦鞋的</u>。

（2）越级拷贝

在动类拷贝式话述构式中，越级拷贝是指话题和述题中，动词和动词性语素之间发生拷贝关系，即话题为动词，述题为动词性语素，或话题为动词性语素，述题为动词，两者的拷贝成分和被拷贝成分构成不同，属于不同级别的语法单位成分之间的拷贝关系。例如：

⑪ 捧人捧得有分寸，骂人骂得有含蓄，<u>自夸夸得很像自谦</u>，这些技巧都是可以意会不可言传的。

⑫ 用安瓦尔自己的话说，他<u>等待这场补选已经等了太久了</u>。

⑬ 会议<u>结也结束了</u>。

2.1.3.3 拷贝成分变化类型

拷贝成分变化类型是指按照被拷贝成分和拷贝成分在拷贝前后的线性长度有无变化及变化结果，可分为等量拷贝、增量拷贝和减量拷贝三种类型。等量拷贝是指拷贝发生后，被拷贝成分和拷贝成分的线性长度无变化；增量拷贝是指拷贝发生后，拷贝成分比被拷贝成分的线性长度长，即成分数量增加了；减量拷贝是指拷贝发生后，拷贝成分比被拷贝成分的线性长度短，即成分数量减少了。

（1）等量拷贝

等量拷贝一般是指动词和动词之间、动词短语和动词短语之间发生拷贝关系。例如：

⑭ <u>听说倒是听说了</u>。组织上的事，还是由组织上处理吧。

⑮ 厂里对退休职工也不错。<u>怕只怕厂里将来效益不好</u>，那就没辙了。

⑯ <u>耽误生意是耽误生意</u>，但是这也是应该的。

⑰ 好吧！<u>我投降就我投降吧</u>！反正面子一斤值不了几个钱子儿。

（2）增量拷贝

增量拷贝一般是指被拷贝成分为动词性语素，拷贝发生后，拷贝成分为含有该动词性语素的动词，动词性语素拷贝为动词后增加了成分。例如：

⑱ 算了，<u>摊都摊牌了</u>，就不信如果她坚持去找雷廷昭，天仰哥能拿她怎么样。

⑲ 这个包喜欢吗？<u>喜是喜欢</u>，就是太贵了。

例⑱中，被拷贝成分为话题动词性语素"摊"，拷贝成分为述题动词"摊牌"，拷贝后增加了语素"牌"；例⑲中，被拷贝成分为话题动词性语素"喜"，拷贝成分为述题动词"喜欢"，拷贝后增加了语素"欢"。

（3）减量拷贝

减量拷贝一般是指被拷贝成分为动词，拷贝发生后，拷贝成分为构成该动词的动词性语素，动词拷贝为动词性语素后减少了成分。例如：

⑳ 他<u>旅游游遍了全世界</u>。

㉑ 知名度大了企业才有吸引力，不具备条件，<u>乞求人家是求不来的</u>。

例⑳中，被拷贝成分为话题动词"旅游"，拷贝成分为述题谓词"游"，拷贝后减少了语素"旅"；例㉑中，被拷贝成分为话题动词"乞求"，拷贝成分为述题谓词"求"，拷贝后减少了语素"乞"。

2.2 内部构成

按照句法说明关系角度，动类拷贝式话述构式内部构成也可分为话题和述题两个部分，其中话题叫前项，述题中的实体动词性成分叫后项（如有情态标记、话题标记不计在内，下同），前后项的构成成分之间具有一定的匹配规律，各构成成分的匹配能力呈现出不平衡性,构成匹配能力连续统。

2.2.1 前后项的构成成分

按照动类拷贝式话述构式形式,可分为前项和后项,前项一般指由动词性成分构成的话题,后项一般指述题中除话题标记、情态标记之外的动词性成分。前项就是话题,后项就是述题中的实体性成分,前项和后项分别由动词、动词性语素、动词短语或句子构成,具体分类情况如下。

2.2.1.1 前项构成类型

动类拷贝式话述构式中,前项可由动词、动词性语素(参照述题谓词构成成分)、动词短语构成,其中动词可分为光杆动词和重叠形式2类,动词短语可分为主谓短语、动宾短语、动补短语、状中短语等7类,加上动词性语素1类,共有10类动词形式构成前项。

（1）动词

该类话述构式中,话题由光杆动词构成。例如:

⑫ 保留我是毫无保留,没有一点保留。

⑬ 我生为革命生,死为革命死。

⑭ 只有跟着导演走,跟着大家一起走,走走走才会走出一条和自己原来不一样的路来。

例⑭中,话题为动词重叠形式"走走走"。

（2）动词性语素

该类话述构式中,话题由动词性语素构成(述题谓词的相同构成语素),即话题和述题谓词的动词性语素形成拷贝关系。例如:

⑮ 这个包喜欢吗? 喜是喜欢,就是太贵了。

⑯ 会议结也结束了。

（3）动词短语

该类话述构式中,话题由主谓短语、动宾短语、动补短语、状中短语、并列短语、双宾短语、"的"字短语构成。例如:

⑰ 你不怕归你不怕,这不是看着咱俩的关系不错嘛。

⑱ 唱歌我不太想让他唱,唱歌太辛苦。

⑲ 照啊,你说一望便知,现今望十望百望也望了,怎地还不知啊?

⑳ 我到革命政府里随便捡也捡个外交总长!

⑬¹ 笑骂由他笑骂，好饭我自吃之，这究竟有什么意义呢？
⑬² 她教我钢琴教早了。
⑬³ 开车的就是开车的，擦鞋的就是擦鞋的。

2.2.1.2 后项构成类型

动类拷贝式话述构式中，后项可由动词、动词性语素（参照话题动词构成成分）、动词短语、句子形式构成，其中动词可分为光杆动词和重叠形式2类，动词短语可分为主谓短语、动宾短语、动补短语、状中短语等9类，句子形式可分为"把"字句、"被"字句形式2类，加上动词性语素1类，共有14类动词形式构成后项。

（1）动词

该类话述构式中，述题由光杆动词、广义的动词重叠形式构成。例如：

⑬⁴ 苏阑眼睛一眯，沈醉皱眉，火上浇油就浇吧。
⑬⁵ 他的双手就像抱着狍子脑袋似的动也不能动一动。

例⑬⁵中，述题主要成分为广义的动词重叠形式"动一动"。

（2）动词性语素

该类话述构式中，述题谓词由动词性语素（话题动词的相同构成语素）构成，即话题的动词性语素和述题谓词形成拷贝关系。例如：

⑬⁶ 睡觉睡到自然醒，数钱数到手抽筋。
⑬⁷ 路两边，商铺不让修，拆迁没拆到位，现在一直协调这部长可能回家还没回来。

（3）动词短语

该类话述构式中，述题由主谓短语、动（补）宾短语、动补短语、状中短语、介词短语、连谓短语、并列短语、双宾短语构成。例如：

⑬⁸ 睡他睡的是席梦思，我睡的是木板床。
⑬⁹ 谁敢上来，老子咬也咬死你们！
⑭⁰ "我去过一次，"小坡坚决地说，"摸总摸得到的。"
⑭¹ 单位交通不方便，平常打车不好打，我每次都打电话预约。
⑭² 他铁了心，今生今世，生为治沙生，死为治沙死。
⑭³ 即使走不动，爬也要爬回去看看。
⑭⁴ 五湖的规矩，敬酒是敬双不敬单，这也是图个吉利。
⑭⁵ 送是送了我一个黄纹小包，不过，可不是什么好玩之物。

(4) 句子形式

该类话述构式中，述题由"把"字句和"被"字句构成。例如：

⑭ 抢也要把项目抢到手！

⑭ 啃就叫它啃了吧。长我身上也没啥用。

2.2.2 前后项的匹配性

2.2.2.1 前后项的匹配规律

由上文分析可知，动类拷贝式话述构式中，前项（用字母"A"表示）由10种类型的动词形式构成，后项（用字母"B"表示）由13种类型的动词形式构成。根据数学排列组合规律，前后项匹配形成的话述构式类型理论上共有 $C_A^1 \cdot C_B^1$ 种类型。一般公式如下：

$$C_n^m = \frac{n!}{(n-m)!\, m!}$$

将前项 A 的 10 种类型和后项 B 的 13 种类型带入上述公式，可得出结果：

$$C_A^1 \cdot C_B^1 = C_{10}^1 \cdot C_{13}^1 = 130 （种）$$

在理论上，前项和后项匹配可形成 130 种话述构式类型。根据我们现有的语料分析统计可知，话述构式具有等式、扩充式、缩减式和交叉式四大类型共 53 种小类（参考本章第一节"基本类型"相关内容）。也就是说，前项和后项实际匹配形成的话述构式种类数（53 种）占理论上能够形成的话述构式种类数（130 种）的 40% 左右。具体情况统计如表 2.2 所示。

表 2.2 话述构式前后项匹配情况表　　　　单位：种

构成成分		构成类型				
		等式	扩充式	缩减式	交叉式	合计
前项动词	光杆动词	1	12	0	0	13
	离合式动词（含动词性语素）	0	0	1	11	12
前项动词短语	动宾短语	1	0	1	10	12
	动补短语	1	0	1	4	6
	状中短语	1	0	1	3	5
	主谓短语	1	0	0	0	1

续表

构成成分		构成类型				
		等式	扩充式	缩减式	交叉式	合计
前项动词短语	并列短语	0	0	0	1	1
	双宾短语	0	0	0	1	1
	"的"字短语	1	0	0	1	2

由表 2.2 可知，前项动词、动词短语与后项动词、动词短语、句子形式匹配形成的话述构式种类数量相当，分别为前项动词形成 25 种话述构式小类，前项动词短语形成 28 种话述构式小类，各约占构成类型的 50%。其中，动词短语中的动宾短语、动补短语形成的话述构式种类较多，约占动词短语搭配数量的 70%，其余状中短语、主谓短语、"的"字短语形成的话述构式种类较少。

2.2.2.2 前后项匹配的原因分析

由上文分析可知，在动类拷贝式话述构式中，前后项构成成分匹配呈现出一定的规律性。究其原因，是由于前后项构成成分的匹配能力不平衡和动词限制，使实际匹配形成的话述构式数量少于理论上匹配形成的话述构式数量。

（1）匹配能力

在动类拷贝式话述构式中，前项动词、动词性语素、动词短语与后项动词、动词性语素、动词短语、句子形式的匹配能力呈现出不平衡的特点，具体分为两个方面。

一是前项与后项的构成成分的匹配能力相当。前项动词（含动词性语素）、动词短语与后项动词（含动词性语素）、动词短语匹配形成话述构式种类数量相当，可见前后项动词（含动词性语素）和动词短语的匹配能力相当。

二是前项与后项的构成成分内部类型的匹配能力呈现出不平衡的特点。前后项构成成分动词短语内部小类形成不同种类的话述构式，其中动宾短语、动补短语匹配形成的话述构式种类较多，即动宾短语、动补短语的匹配能力较强；其余状中短语、主谓短语、并列短语等匹配形成的话述构式种类较少，即状中短语、主谓短语、并列短语等的匹配能力较弱。

由此可知，前后项构成成分类型的匹配能力呈现出不平衡的特点，具体表现为形成匹配能力连续统。从动词、动宾短语、动补短语到双宾短语等，匹配能力逐渐减弱。具体表现如图 2.1 所示。

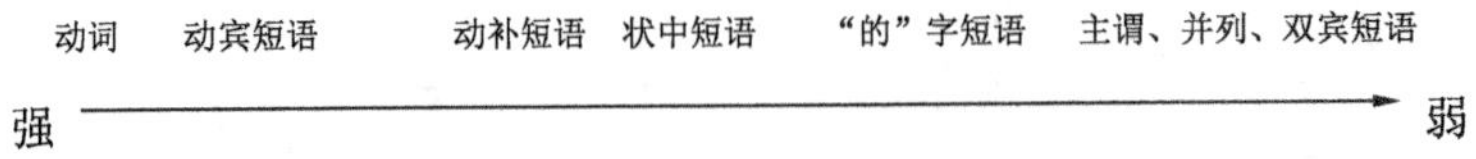

```
动词    动宾短语    动补短语    状中短语    "的"字短语    主谓、并列、双宾短语
强 ──────────────────────────────────────────────────────────→ 弱
```

图 2.1 前后项构成成分匹配能力连续统

因此，前后项构成成分的匹配能力的不平衡性是实际匹配形成的话述构式种类较少的一个原因。在理论上，前后项构成成分内部类型的匹配能力是均衡的，即前项构成成分内部的每种类型都能与后项构成成分的每种类型相匹配。然而在实际运用中，前后项构成成分内部类型的匹配能力是不平衡的，即前项构成成分内部有的类型和后项构成成分匹配数量较多，有的类型和后项构成成分匹配数量较少。因此，实际形成的话述构式种类比理论上形成的数量少，只约占理论数量的40%。

（2）动词限制

动词限制是指在动类拷贝式话述构式中动词使用具有一定的限制条件，具体表现在音节、意义和语义特征等方面。

A. 动词的音节数和意义

动词表示动作、行为、心理活动或存现等，按照动词的意义可分为动作动词、存现动词、心理动词、判断动词、能愿动词（助动词）、趋向动词、形式动词；按照动词的语义特征，可分为自主动词和非自主动词，其中非自主动词包括属性动词和变化动词。汉语是动词型语言或称动词显赫型语言。本书以《汉语动词用法词典》中1 223个动词为考察对象，运用CCL、MLC、BCC语料库搜索汉语动类拷贝式话述构式相关语料，排除重复用例，经不完全统计，共有541个动词常常用于动类拷贝式话述构式，充当话述构式的话题和述题成分，约占总数的43.5%。

由上文分析可知，话述构式中前项可由动词、动词性语素、动词短语构成，后项可由动词、动词性语素、动词短语、句子形式构成，前项和后项匹配构成不同的话述构式类型。其中，前项为动词性语素，后项为动词性语素，前后项为动词、动词短语或句子形式时，话述构式中动词的使用呈现出不同的特点。具体统计情况如表2.3至表2.5所示。

表 2.3 前项为动词性语素的话述构式动词使用情况表

分类标准	动词分类	动词个数	动词占比/%	动词示例
按构成动词音节数	单音节动词	0	0	—
	双音节动词	230	100	表演、摊牌、喜欢、积累、浪费

续表

分类标准	动词分类	动词个数	动词占比/%	动词示例
按动词的概念义	动作动词	217	94.3	躲避、忍耐、检查、喜欢、辩论
	存现动词	5	2.2	存在、发生、发展、生长、消失
	心理动词	6	2.6	害怕、感动、后悔、怀疑、埋怨、体谅
	判断动词	0	0	—
	能愿动词	0	0	—
	趋向动词	2	0.9	出来、出去
	形式动词	0	0	—
按动词的色彩义	口语	76	33	睡觉、喜欢、答应、抽查、报销
	书面语	154	67	埋怨、惦记、辩论、欺骗、明白
按动词的语义特征	自主动词	196	85.2	告诉、领取、攻击、生气、喜欢
	非自主动词	34	14.8	流露、失败、伤心、衰亡、浪费

注：该表是指话述构式具有拷贝关系的两项中，前项为动词性语素，后项为动词或动词短语的统计。例如：会议结也结束了；摊都摊牌了；这个包喜是喜欢，就是太贵了。其中百分比为前项为动词性语素的话述构式动词占结构使用动词的比例。

表2.4 后项为动词性语素的话述构式动词使用情况表

分类标准	动词分类	动词个数	动词占比/%	动词示例
按构成动词音节数	单音节动词	0	0	—
	双音节动词	22	9.6	睡觉、辩论、旅游、洗澡、做梦
按动词的概念义	动作动词	22	100	结婚、学习、拆迁、睡觉、揭发
	存现动词	0	0	—
	心理动词	0	0	—
	判断动词	0	0	—
	能愿动词	0	0	—
	趋向动词	0	0	—
	形式动词	0	0	—
按动词的色彩义	口语	12	54.5	睡觉、离婚、学习、洗澡、做梦
	书面语	10	45.5	辩论、欺骗、旅游、改变、审问

续表

分类标准	动词分类	动词个数	动词占比/%	动词示例
按动词的语义特征	自主动词	22	100	结婚、学习、拆迁、睡觉、揭发
	非自主动词	0	0	—

注：该表是指话述构式具有拷贝关系的两项中，前项为动词，后项主要成分为动词性语素的话述构式动词的统计。例如：睡觉睡到自然醒；拆迁没拆到位；旅游游遍了全世界。其中百分比为后项为动词性语素的话述构式动词占结构使用动词的比例。

表 2.5 话述构式动词使用情况表

分类标准	动词分类	动词个数	动词占比/%	动词示例
按构成动词音节数	单音节动词	311	57.5	熬、拔、吃、笑、改
	双音节动词	230	42.5	表演、摊牌、喜欢、积累、浪费
按动词的概念义	动作动词	507	93.7	帮、吵、分、干、前进
	存现动词	8	1.4	有、存在、发生、变、发展、生长、死、消失
	心理动词	12	2.2	爱、恨、怕、想、害怕、愁、感动、后悔、怀疑、埋怨、体谅
	判断动词	0	0	—
	能愿动词	6	1.2	肯、敢、要、会、能、想
	趋向动词	8	1.5	进、出、过、起、来、出来、去、出去
	形式动词	0	0	—
按动词的色彩义	口语	443	82	吃、喝、玩、捧、逗、睡觉
	书面语	98	18	埋怨、惦记、辩论、欺骗、明白
按动词的语义特征	自主动词	485	89.6	搬、抄、打、告诉、领取
	非自主动词	56	1.04	病、沉、流露、漂、失败

注：该表是指话述构式具有拷贝关系的前项和后项动词的统计（含动词短语和动词性语素）。例如：保留我是毫无保留；吃也吃不下；说话说到一半；明是明白了，就是不知道怎么做；吵架吵成那样。其中百分比为话述构式动词占所有动词的比例。

由表 2.3 至表 2.5 可知，前项由动词性语素构成的话述构式中动词使用较少，后项由动词性语素构成的话述构式中动词使用最少，前后项由动词、动词短语或句子形式构成的话述构式中动词使用较多。在动类拷贝式话述构式中，动词使用有如下限制特点。

一是按构成动词的音节数来说，话述构式中主要使用单音节动词和双音节动词。总体来说，单音节动词使用较多；具体来说，前项或后项为动词性语素时使用双音节动词。

二是按动词的词义来说，话述构式中不能使用判断动词和形式动词，可使用动作动词、存现动词、心理动词、能愿动词和趋向动词。

三是按动词的语义特征来说，话述构式中可使用自主动词和非自主动词，一般倾向于使用单音节、口语色彩较浓的自主动词和非自主动词。

四是按动词的语体特征来说，话述构式中较多使用口语色彩较浓的动词，积极义、消极义、中性义的动词都可使用。

以下分别按照动词的音节数、动词的词义、动词的语义特征三种类别具体分析如下。

（A）按构成动词的音节数

在动类拷贝式话述构式中，单音节动词和双音节动词都可使用，其中单音节动词使用较多。例如：

⑭⑻ 吃是吃了，吃完之后怎么做？

⑭⑼ 有人监视就监视好了，想盯梢也悉听尊便。

⑮⓪ 我考试考了95分。

⑮⑴ 算了，摊都摊牌了，就不信如果她坚持去找雷廷昭，天仰哥能拿她怎么样。

（B）按动词的词义

词义的内容和词义的分析要从多角度、在多层面上阐述，可分为词的概念义和附属义。词的概念义主要指表示动作行为、存现、心理、判断、能愿、趋向等意义。词的附属义主要指词的形象色彩、感情色彩、语体色彩。

a. 概念义

从动词的词义来看，判断动词、形式动词不能进入动类拷贝式话述构式。形式动词是指本身不具有实在意义而只能用动名词或以动名词为中心语的偏正短语作宾语的动词，属于非动作动词，也叫粘宾动词，一般不能单独充当句法成分，因此无法充当话题或述题成分；判断动词"是"在话述构式中充当话题标记，无法充当话题或述题成分。动作动词、存现动词、心理动词、能愿动词、趋向动词能够进入话述构式，其中动作动词较为常用。

⑮⑵ 斯是玩真格的了，动手打也打了，嘴上也骂了。（动作动词）

⑮⑶ 经济发展方式改变也是变不了的。（存现动词）

⑭ 谁这么恨我？<u>恨我恨到不惜用一切财产来毁灭我</u>？（心理动词）

⑮ <u>想归想</u>，金治和谁也没说过。（能愿动词）

⑯ <u>来都来了</u>，为什么不和他们打一个照面？（趋向动词）

b. 色彩义

按动词的色彩义来说，动词的口语色彩较浓，积极义、消极义、中性义都可用于话述构式。

（a）感情色彩

⑰ <u>笑是笑不出来</u>，就觉得我这么做值得。（积极义动词）

⑱ <u>骂能骂出个"好"来</u>？（消极义动词）

⑲ 这杯酒我<u>连想都没想就喝了</u>。（中性义动词）

（b）语体色彩

动类拷贝式话述构式常用于会话、对话等口语语体中，因此动词具有较浓的口语色彩。

⑳ 他起一层鸡皮疙瘩，他怎么会和这样一个冷冰冰的身子<u>搂了几年搂出了两个孩子</u>？（口语色彩）

㉑ <u>辩论我辩不过他</u>。（书面语色彩）

（C）按动词的语义特征

马庆株指出，自主动词和非自主动词的区分不仅反映动词语法功能的差异，而且也大致反映出动词语义特征的不同。自主动词是能表示有意识的或有心的动作行为的，语义特征为［+自主］，［动作］；非自主动词表示无意识、无心的动作行为，语义特征为［-自主］，［变化］／［属性］。在动类拷贝式话述构式中，自主动词和非自主动词都可使用，其中倾向于使用单音节、口语色彩较浓的自主动词和非自主动词。

a. 自主动词

㉒ 这些作品的本身未必都有艺术的价值，搁在以前，他也许<u>连看也不要看</u>。

㉓ 我心想赶路要紧，<u>解释都没解释就给他100比索</u>。

b. 非自主动词

㉔ 我，我懂，<u>懂是懂</u>，可是不行，我就认得字母，就是说字母那功夫儿认得，就是说字母。

㉕ 上山这不带了8瓶水，<u>沉是沉了点</u>，但是起码省点钱。

B. 动词的指称性

在动类拷贝式话述构式中，动词或动词性结构充当话题，位于句子的谓语动词之前，发生了动词或动词性结构指称化，具有了相应的指称义。动词性拷贝话题的指称化是指句法层面的动词指称化，即话题倾向于由有定成分、类指成分充当，并与量化成分密切相关。（参见第四章第二节中"话题的指称性倾向"相关内容）

2.3 句型分类

2.3.1 单句

根据汉语动类拷贝式话述构式所在句子的特点，话述构式主要分为一般谓语句和特殊谓语句两种类型。一般谓语句可分为主谓谓语句、动词谓语句、动宾谓语句、动补谓语句等句法结构类型，特殊谓语句可分为"把"字句、"被"字句、"连"字句、连谓句、兼语句、双宾句等句法结构类型。

2.3.1.1 一般谓语句

（1）主谓谓语句

主谓谓语句是指在动类拷贝式话述构式所在的句子中，谓语由主谓短语构成。按照谓语前主语或主话题数量的多少，可分为单层主谓谓语句、双层主谓谓语句和多层主谓谓语句。

A. 单层主谓谓语句

单层主谓谓语句是指由单一话题或主语成分与谓语成分成句，具体可分为以下三种小类。一是主话题、主语和小谓语之间有施事、受事、当事等关系，以及重复强调关系。二是主话题和谓语之间有表时地、背景、解说等关系。三是主话题和谓语中的某个词语是复指关系。例如：

⑯ 你跳又跳不过来，走大门又走不通。（施事关系）
⑰ 3岁，走路都走不稳的那种。（时地关系）
⑱ 这帮人的本性，死也要死个明白。（解说关系）
⑲ 一片湿漉漉的青柳叶，沾在一只雄鹅的通红的嘴壳上，它甩都甩不掉它。（复指关系）

B. 双层主谓谓语句

双层主谓谓语句是指由话题和主语双层成分与谓语成分成句。例如：

⑰ 那些带着护卫队的君王、魔法师、雇佣兵和任何带剑的人他是<u>碰都不碰</u>的。

⑰ 体育运动我<u>看也不会看</u>，太极拳、气功都不会。

例⑰中，主话题"那些带着护卫队的君王、魔法师、雇佣兵和任何带剑的人"为句子谓词"碰"的受事论元话题化而来，主语"他"和谓词"碰"为施事关系，主话题、主语和谓语形成双层主谓谓语句。

C. 多层主谓谓语句

多层主谓谓语句是指由两种或两种类型以上的话题和主语形成多层成分，并与谓语成分成句。例如：

⑫ 今天这衣服你<u>买也得买，不买也得买</u>！

⑬ 大冬天吉他<u>弹都弹不动</u>，冷冷冷，蒲二娜转行业了。

例⑫中，主话题由时间话题"今天"和话题化话题"这衣服"两类话题构成，分别与小谓语"也得买"形成时间、受事关系，主语"你"与小谓语形成施事关系。时间、受事主话题、主语和谓语形成多层主谓谓语句。

(2) 动词谓语句

该小类中，句子谓语主要由动词构成。例如：

⑭ <u>听说倒是听说了</u>。组织上的事，还是由组织上处理吧。

⑮ 额，我受不了了，<u>掉粉儿就掉吧</u>，我不惧！

(3) 动宾谓语句

该小类中，句子谓语主要由动宾短语构成。例如：

⑯ 只要咱们把井把守住，<u>渴也渴死敌人</u>！

⑰ 你等着看，凭我的西装、雪茄、气度、学问，我到革命政府里随便<u>捡也捡个外交总长</u>！

(4) 动补谓语句

该小类中，句子谓语主要由动补短语构成。例如：

⑱ 路两边，商铺不让修，<u>拆迁没拆到位</u>，现在负责协调的部长可能还没回家。

⑲ 你干吗要这样子呢？才五十块钱嘛！——我<u>借也借得到，抢也抢得来，造也造得成，死也死得出</u>呀！

2.3.1.2 特殊谓语句

(1) "把"字句

在动类拷贝式话述构式所在的句子中，由介词"把"或"将"构成的介词短语做谓词的状语。例如：

⑱ 抢也要把项目抢到手！

⑱ 这炒就把它炒成土豆泥了？

（2）"被"字句

在动类拷贝式话述构式所在的句子中，用介词"被（给、叫、让）"引出施事的表示被动的主谓句。例如：

（182） 啃就叫它啃了吧。长我身上也没啥用。

（183） 没什么了啦，定制就让它定制吧，改明儿刷回来就是了。

（3）"连"字句

在该类动类拷贝式话述构式中，话题标记"连……也/都……"用于结构中表达强调义，"连"字起到引出话题的作用。例如：

⑱ 但他偏空了，一切东西都不要了，都废弃了，连睡觉也睡在马路边的阴沟筒子里。

⑱ 那么久没写英语，我连填单词都快填不来了。

（4）连谓句（重动句）

该类型中，由连谓短语充当谓语或独立成句。动类拷贝式话述构式连谓句形式通常由"（V+O₁）+（V+O₂）"型、"（V+O）+（V+C）"型、"（V+C₁）+（V+C₂）"型、"（V+C）+（V+O）"型、"（V+O）+（V+的）"型构成。例如：

⑱ 今年不送礼，送礼就送厚秋裤。

⑱ 评奖要评得公正，让消费者满意，必须要广泛接纳消费者参与评判。

⑱ 当时有些人提议，就是搞两个死狗，说摔下来摔死也没关系。

⑱ 可是他那衰老的腿拖着锁链，爬了好久都爬不上车。

⑲ 这个是喝蓝山咖啡喝的。

（5）兼语句

该类型中，动类拷贝式话述构式位于句中主要动词之后，主要动词之后的名词性成分既是宾语，又是话述构式的主语。例如：

⑲ 请她喝饮料也不喝。

⑲ 叫他们哭都哭不出来，再也不敢欺你！

（6）双宾句

该小类话述构式位于句中主要动词之后，话题由双宾短语构成，述题由动补短语构成，形成双宾句。例如：

⑬ 你教他钢琴教晚了。
⑭ 你借她英语书借对了。

2.3.2 复句

按照复句构成分句的数量多少,可分为双发句和多发句。双发句是指由两个动类拷贝式话述构式所在分句构成的复句,多发句是指由三个或三个以上动类拷贝式话述构式所在分句构成的复句。

2.3.2.1 双发句

该小类句子由两个动类拷贝式话述构式所在分句构成。例如:

⑮ 为了集体的事,吵是吵,嚷是嚷,心里没仇没恨的。(分句同义型)
⑯ 穿没穿的,吃没吃的,全靠我这个婆婆一手维持。(分句类义型)
⑰ 成不成无所谓,赢就赢,输就输。(分句反义型)
⑱ 明白就明白,不明白就不明白,你也别跟我"如果",恕不解释,也不指望你的支持。(分句肯否定型)
⑲ 你跳又跳不过来,走大门又走不通。(分句组合型)

2.3.2.2 多发句

该小类句子由三个或三个以上动类拷贝式话述构式所在分句构成。例如:

⑳ 你干吗要这样子呢?才五十块钱嘛!——我借也借得到,抢也抢得来,造也造得成,死也死得出呀!
㉑ 捧人捧得有分寸,骂人骂得有含蓄,自夸夸得很像自谦,这些技巧都是可以意会不可言传的。

上述例句中,同一句中各分句的话述构式有的相同,有的不同。例⑳中,话述构式的类型相同,同为"V也VP"型;例㉑中,话述构式的类型不同,分为"(V+O)+(V+C)"和"V+VP"两种类型。

2.4 本章小结

本章从动类拷贝式话述构式的形式方面进行分析,得出以下结论:一是话述构式的句法类型多样。根据话述构式的内部结构,可将话述构式分为等式、扩充式、缩减式和交叉式四种基本类型;话述构式的句法层次类型包括单一型、复杂型和兼类型三种类型;拷贝成分类型包括分布类型、级别类型和变化类型三种类型。二是话述构式前后项的构成成分之间具有一定的匹配规律,各构成成分的匹配能力呈现出不平衡性，构成匹配能力连续统。三是话述构式在主谓谓语句、动词谓语句、动宾谓语句、动补谓语句等一般谓语句以及"把"字句、"被"字句、"连"字句、连谓句、兼语句、双宾句等特殊谓语句句型中使用，在复句的双发句和多发句中使用。

第三章 功能分析

动类拷贝式话述构式中话题、述题和结构都具有不同的句法角色和句法功能，话题和述题担任的句法角色具有搭配对应关系。此外，话述构式在句类分布、话题的信息性和表达主观性方面具有特定的语用功能。以下将按照句法功能和语用功能两大类型进行话述构式的功能分析。

3.1 句法功能

语序是汉语表达的主要语法手段之一，是语法结构的线性序列。李茂莉指出，语言的三种基本语法成分有六种可能的语序类型，其中以 SVO 和 SOV 为常见语序类型，这两种语序类型概括了约 80% 的语言类型结构。汉语作为一种话题优先型语言，按照话题 T 和主语 S 的语序关系，STV（O）、TSV（O）、TV（O）是常见的语序类型。在动类拷贝式话述构式中，话题可以出现在不同的句法位置上，话题可以位于句首，可以位于句中，也可以位于小句、分句的句首和句中，呈现为不同的语序类型。相应地，话题可充当主话题（大主语）、次话题（小主语）、次次话题等句法角色，述题可充当大谓语、小谓语等句法角色，话题和述题的句法角色搭配呈对应扭曲关系。此外，话述构式整体还可充当多种句法成分、独立成句或作为复句的分句。

3.1.1 话题的句法角色

3.1.1.1 主话题

该类型中，话题位于句子或小句句首，按照有无主语的情况，可以分为有主语 TSV 式、TVS 式和无主语 TV 式三种类型。这种类型的动词性话题为主话题。

（1）TSV 式

该小类中，话题位于句子或小句句首，主语位于述题之中，述题由主谓短语充当。例如：

① 这个没有，<u>保留我是毫无保留，没有一点保留</u>。
② <u>卖，我是不会卖的</u>。

（2）TVS 式

该小类中，话题位于句子或小句句首，主语位于话题之后，但不在述题之中，一般位于后面的小句中，有时距离话题较远。例如：

③ <u>穿没穿的，吃没吃的</u>，全靠我这个婆婆一手维持。

④ <u>停么停三辆车</u>的，一辆都不开的，要开的车都不知道什么时候来。

（3）TV 式

该小类中，话题位于句子或小句句首，句中无主语。例如：

⑤ <u>离婚尽管离婚</u>，夫妻终归夫妻。

⑥ <u>吃饭怎么吃呢</u>？

3.1.1.2 次话题

该类型中，话述构式位于主语、名词性主话题（用"T^N"表示）或动词性主话题之后，其中动词性话题为次话题（用"t"表示），具体可分为句中有主语（StV 式）、名词性主话题（T^NStV 式）、动词性主话题（T^NtV 式）、名词性主话题和主语（TtV 式）四种类型。

（1）StV 式

该小类中，话题位于主语之后，话题属于次话题，具体分为主语和话题位于同一句中或分别位于两个小句中这两种情况。例如：

⑦ 我<u>生为革命生，死为革命死</u>。

⑧ 现在，他们<u>连嚷都懒得嚷了</u>。

（2）T^NStV 式

该小类中，名词性主话题一般为动词的受事论元并位于句首，话述构式整体作为该名词性主话题的述题，动词性拷贝话题为次话题，主语位于主话题和次话题之间。例如：

⑨ 今天这衣服你<u>买也得买，不买也得买</u>！

⑩ 从不锻炼，体育运动我<u>看也不会看</u>，太极拳、气功都不会。

（3）T^NtV 式

该小类中，动词性拷贝话题为次话题，名词性主话题一般为动词的受事论元、施事论元，或为表时地、背景、解说等的框架式话题，话述构式整体作为该名词性主话题的述题，句子中无主语。例如：

⑪ 比如二两一个的大馒头，光看着就饱了，根本<u>碰都不会去碰</u>。

⑫ 关于反倾销的官司，<u>不打不打，也得打个几十场</u>。

⑬ 翻开通讯录连划都不用划一下才发现自己多可悲。朋友都去哪里了？

例⑪中，主话题为名词性结构"二两一个的大馒头"，是动词"碰"的受事论元经话题化形成，该主话题的述题为次话述构式"碰都不会去碰"，次话题为动词"碰"；例⑫为论元分裂式话题，主话题为名词性结构"反倾销的官司"，是动词"打"的受事论元"几十场反倾销的官司"经分裂话题化而来，由话题标记"关于"引出，数量短语"几十场"留在原动词后位置充当宾语，该主话题的述题为动类拷贝式话述构式"不打不打，也得打个几十场"，次话题为并列型动词结构"不打不打"；值得注意的是，例⑬中，名词性主话题"通讯录"既是话题又是动词"翻开"的宾语，是由次话述构式中动词"划"的受事论元话题化形成，次话题为动词"划"，话题标记为"连……都……"。

(4) TtV 式

该小类为话题兼类型，即动词性拷贝话题既为主话题又为次话题，同时发挥两类话题作用。例如：

⑯ 表演呢，表演也不一定这样表演，这样表演不是欺骗人嘛！

⑰ 一定要跟你们鼓励，喝酒，喝酒喝多了。

例⑯中，主话述构式"表演呢，表演也不一定这样表演"中，第一个动词"表演"为主话题，由停顿（,）和语气词"呢"话题标记与述题隔开，次话述构式"表演也不一定这样表演"整体作为述题，第二个动词"表演"为次话题，由副词话题标记"也"与述题隔开，述题主要成分为"不一定这样表演"。也就是说，动词"表演"既为主话题又为次话题。

3.1.1.3 次次话题

该类型中，话述构式位于句中主要谓词之后，动词性拷贝话题为次次话题（用"t'"表示，下同），可分为句中有主语（SVt' 式、$St^Nt'V$ 式）和无主语（Vt' 式、$T^{N1}t^{N2}Vt'$ 式）四种类型。

(1) SVt' 式

该小类中，动词性拷贝话题位于句中主要谓词之后，为次次话题，句中有主语。例如：

⑱ 我叫他吃饭也不吃，睡觉也不睡。

⑲ 他喊这个去弄也不去，喊那个去也不去。

(2) $St^Nt'V$ 式

该小类中，主语位于名词性次话题之前，次话题一般为动词的受事论元，话

述构式整体作为该名词性次话题的述题,动词性拷贝话题为次次话题。例如:

⑳ 饼是粘着芝麻的那种烧饼,他咬了一口,一粒芝麻就掉到了桌缝里,抠,抠不出来,再抠,还是抠不出来。

㉑ 夏娜正面面对爆炸,眉毛连挑也不挑一下。

例⑳中,主语"他"位于次话题和次次话题之前,次话题为数量短语"一粒芝麻",是动词"抠"的受事论元经话题化形成,述题为次次话述构式"抠,抠不出来""再抠,还是抠不出来",次次话题为动词"抠"。

(3) Vt'式

该小类中,动词性拷贝话题位于句中主要谓词之后,为次次话题,句中无主语。例如:

㉒ 派党支部书记去请还请不回来!

㉓ 叫他们哭都哭不出来,再也不敢欺你!

(4) $T^{N1}t^{N2}Vt'$式

该小类中,主话题和次话题分别由两个名词性成分充当,构成"总—分"形式,动词性拷贝话题位于句中主要谓词之后,为次次话题。例如:

㉔ 从此开始中国的长篇小说,就在写那个日常的"道"当中,而这个三戒又戒不掉,少年人你叫他戒色戒不了的,中年人叫他戒斗也戒不了,老年人叫他戒得也戒不了。

例㉔中,主话题为数量结构"三戒",次话题"少年人""中年人""老年人"分别由小句中主要谓词"叫"的受事宾语话题化而来,次次话述构式"戒色戒不了""戒斗也戒不了""戒得也戒不了"位于主要动词"叫"之后,其中话题"戒色""戒斗""戒得"为次次话题。

通过上述分析可知,动类拷贝式话述构式中的动词性话题可以充当主话题、次话题或次次话题,三种类型话题的句法角色分布环境如表 3.1 所示。

表 3.1 话题的句法分布环境表

话题句法角色	句法分布环境	例句
主话题	TSV	唱歌我不太想让他唱,唱歌太辛苦。
	TVS	打折倒不打折,这险种不同你报销的一样。
	TV	吃饭怎么吃呢?

续表

话题句法角色	句法分布环境	例句
次话题	StV	刘备回答怎么回答呢?
	$T^N StV$	我姐姐养了很多鸽子,平时她连碰都不许别人碰。
	$T^N tV$	为了集体的事,吵是吵,嚷是嚷,心里没仇没恨的。
	TtV	表演呢,表演也不一定这样表演,这样表演不是欺骗人嘛!
次次话题	SVt'	我叫他吃饭也不吃,睡觉也不睡。
	$St^N t'V$	饼是粘着芝麻的那种烧饼,他咬了一口,一粒芝麻就掉到了桌缝里,抠,抠不出来,再抠,还是抠不出来。
	Vt'	派党支部书记去请还请不回来!
	$T^{N1} t^{N2} Vt'$	从此开始中国的长篇小说,就在写那个日常的"道"当中,而这个三戒又戒不掉,少年人你叫他戒色戒不了的,中年人叫他戒斗也戒不了,老年人叫他戒得也戒不了。

注：S 代表主语，T 代表主话题，t 代表次话题，t' 代表次次话题，T^N 代表名词性主话题，t^N 代表名词性次话题，V 代表动词或动词性结构。

从表 3.1 和图 3.1 可以看出，一般来说，次话题和次次话题出现的句法环境类型较多（4 类），主话题较少（3 类），次话题和次次话题出现的句法环境较为多样，是较为活跃的话题类型，其句法功能大于话语功能，句法成分性较强。

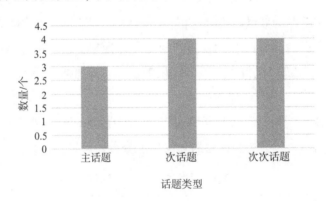

图 3.1 各类型话题出现的句法结构环境

在动类拷贝式话述构式中，次话题和次次话题相较于主话题而言，出现的结构环境较为多样，使用频率较高，因此次话题和次次话题为优势话题类型。动词性拷贝次话题和次次话题出现的位置不仅是主语后的位置，还出现在名词性主话题、名词性次话题之后，或者是出现在主语和名词性次话题两者之后。跟主话题出现在句首相比，次话题的语法化程度高于主话题；次次话题出现在句中主要动词之后，即用于谓词后的宾语小句中，是小句句法结构内的成分，和次话题一样具有较高的语法化程度。笔者在搜集到的2 310句动类拷贝式话述构式语料中（除去重复的例子），统计了主话题、次话题、次次话题类型的例句数，如表3.2所示。

表3.2 各话题类型的句法分布统计表

话题类型	句法分布环境	例句数/个	例句占比/%
主话题型	TV	693	30.4
	TSV	221	9.5
	TVS	70	3
	总计	984	42.9
次话题型	StV	855	37.1
	$T^N StV$	67	2.9
	$T^N tV$	351	15.2
	TtV	2	0.1
	总计	1 275	55.3
次次话题型	SVt'	9	0.4
	$St^N t'V$	25	1
	Vt'	7	0.3
	$T^{N1} T^{N2} t'$	2	0.1
	总计	43	1.8

我们发现，次话题在话述构式中使用频率最高（55.3%），主话题次之（42.9%），次次话题最少（1.8%）。在次话题各小类中，StV式使用最多（37.1%），其次是$T^N tV$式（15.2%），TtV式使用最少（0.1%）。因此，次话题是动类拷贝式话述构式的优势话题类型，使用的句法小类和环境较为多样，使用频率较高，其中主语在前、次话题在后的小类最为常用。在动词性拷贝话题句法分布类型中，和主话题具有话语功能相比，次话题是高度句法化的话题。

次话题对典型话题功能有所偏离，最突出的表现是话题链功能的减弱，受事次话题的生命度通常低于主语，还强烈排斥高生命度的受事如人称代词之类前置等。在动类拷贝式话述构式中，次话题出现的句法环境分别为主语之后、动词性主话题之后、名词性主话题之后且在句子谓词之前这三种主要类型，次话题的话题链功能较弱，次话题的指称性及其中名词性成分的生命度跟话题性的相关关系也体现了对典型话题功能的偏离。

3.1.2 述题的句法角色

在动类拷贝式话述构式中，话题充当主话题（大主语）、次话题（小主语）和次次话题，相应地，述题充当大谓语或者小谓语，述题和话题形成对应搭配关系。

3.1.2.1 大谓语

该小类话述构式所在的句子中，动词性话题一般为主话题，述题相应为大谓语，即述题充当句子的谓语，述题成分等于或多于谓语成分。例如：

㉕ <u>学习学习不够别人来</u>，身材身材没别人好，温柔温柔没别人温柔。
㉖ 这个没有，<u>保留我是毫无保留，没有一点保留</u>。

3.1.2.2 小谓语

该小类话述构式所在的句子中，动词性话题一般为次话题或次次话题，述题相应为小谓语，即述题充当句子的部分谓语，述题成分少于谓语成分。例如：

㉗ 会议<u>结也结束了</u>。
㉘ 这么胖，<u>饿个三天三夜都饿不死的哇</u>。
㉙ 蹦迪斯科她不去，请她<u>喝饮料也不喝</u>。

3.1.3 话题和述题的搭配关系

动类拷贝式话述构式所在的句子中，话题可充当主话题、次话题、次次话题等句法成分，述题可充当大谓语、小谓语等句法成分，话题句法角色和述题句法角色搭配呈对应扭曲关系。具体来说，主话题可与大谓语搭配，次话题、次次话题可与小谓语搭配，没有主话题与小谓语搭配的情况。

3.1.3.1 主话题—大谓语

该小类话述构式所在的句子中，话题为主话题，述题充当句子谓语成分，即述题成分多于或等于句子谓语成分，称为主话题与大谓语搭配。例如：

㉚ 如果发生特殊情况，<u>撤离怎么撤离</u>，包括事先都做好充分的准备。
㉛ <u>打官司你也打不赢</u>，你何必呢。

3.1.3.2 次话题—小谓语

该小类话述构式所在的句子中，话题为次话题，述题充当句子部分谓语成分，即述题成分少于句子谓语成分，称为次话题与小谓语搭配。例如：

㉜ 我读也要读个半天。弄了绕口令啊。

㉝ 经济发展方式改变也是变不了的。

3.1.3.3 次次话题—小谓语

该小类话述构式所在的句子中，话题为次次话题，述题充当句子部分谓语成分，即述题成分少于句子谓语成分，称为次话题与小谓语搭配。例如：

㉞ 我叫他吃饭也不吃，睡觉也不睡。

㉟ 请她喝饮料也不喝。

由此可见，主话题、次话题、次次话题和大谓语、小谓语搭配呈对应关系。具体如图 3.2。

图 3.2 话题和述题的搭配关系

由图 3.2 可知，主话题与大谓语搭配，次话题、次次话题与小谓语搭配，呈一对一、一对多的对应搭配关系。

3.1.4 结构的句法角色

在动类拷贝式话述构式所在的句子中，话述构式在句中充当谓语、宾语、补语、定语和状语等句法成分，能够独立成句或作为复句的分句。

3.1.4.1 充当多种句法成分

动类拷贝式话述构式可以在句中充当多种句法成分。例如：

㊱ 我和我父母挤亭子间挤了二十几年，结了婚再去挤吗？（作谓语）

㊲ 王三去找李老三借钱没借来。（作宾语）

㊳ 没有什么东西会高得连爬都爬不上去。（作补语）

㊴ 马庄村拉起一支农民乐队时，不少村民面对圆号、长笛、黑管，还有叫也叫不顺口的电贝斯、萨克斯，头摇得像拨浪鼓。（作定语）

㊵ 自发来稿后来由他们处理——他们却聪敏地把所有附有写给"敬爱的韩老

师"信件的诗稿看也不看地都送到韩一潭的案头,用那镇纸镇住。(作状语)

3.1.4.2 独立成句

动类拷贝式话述构式在句中能够独立使用,位置灵活,可以用于句首、句中或句末。例如:

㊶ 他们还在这里玩吗?体谅请体谅他们明儿个要上班咯!(独立使用)

㊷ 借银子是借银子,提亲是提亲,别掺和在一块儿。(句首)

㊸ 装修出了问题,斗也斗不过装修公司,连装修队和工人都斗不过。(句中)

㊹ 他像呆头鹅一样,动也不会动。(句末)

3.1.4.3 作为复句的分句

动类拷贝式话述构式可以作为复句的分句,表达条件、假设、转折、因果、递进等逻辑语义关系。例如:

㊺ 只要咱们把井把守住,渴也渴死敌人!(条件关系)

㊻ 你的心如果摆正的话,相信练功能练好。(假设关系)

㊼ 不怕是不怕,可心中对这玩意儿挺腻歪。(转折关系)

㊽ 对抑郁症病人来说旅游或者是看个电影,包括吃个美食这些都不行,因为你吃也吃不到,玩也玩不动,然后你见人听得电话声音都害怕,会很恐惧。(因果关系)

㊾ 车忽然到站停下了,车站都驻有鬼子,我们不但完不成任务,到站连跑也跑不及的。(递进关系)

3.2 语用功能

3.2.1 句类分布

句类就是句子的交际功能类别或言语行为类别,极性就是肯定与否定的取值,这些类别是触发语序变异的敏感因素。语序类型学讨论基本语序时一上来就定下讨论语序类型的条件——陈述句,因为疑问、否定等常常造成语序的变异。因此,在动类拷贝式话述构式所在的句子中,因为句类不同而不同程度地使用话述构式。

3.2.1.1 句类使用情况

在使用动类拷贝式话述构式的句子中,句类使用也有一定的倾向性。搜集到的 2 310 句动类拷贝式话述构式语料（除去重复的例子）在陈述句、疑问句、祈使句和感叹句 4 类中，具体分布情况统计如表 3.3 所示。

表 3.3　各类型话题出现的句类表

句类	话题类型	话题例句数	例句总占比/%
陈述句	肯定陈述句	1 004	43.4
	否定陈述句	784	33.9
	肯定与否定并举陈述句	164	7
	总计	2 096	90.7
疑问句	—	83	3.6
祈使句	—	116	5
感叹句	—	15	0.7

从表 3.3 和图 3.3 中可以看出，动类拷贝式话述构式在陈述句中使用最多（90.7%），其中在肯定陈述句中占比较大（43.4%），在否定陈述句中居中（33.9%），在肯定与否定并举陈述句中也占有一定的数量（7%）；话述构式在祈使句中使用次之（5%），在疑问句和感叹句中使用较少（0.7%）。

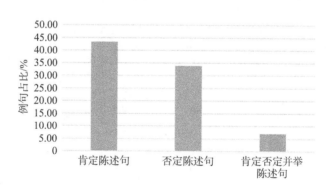

图 3.3　陈述句内部小类中话题使用情况图

3.2.1.2　肯否定使用的不对称

沈家煊指出，肯定/否定是语法中一个十分重要的范畴，肯定是无标记项，否定是有标记项。吉田泰谦认为，不对称的范围包括形式上的不对称、意义上的不对称和使用频率的不对称。刘丹青指出，上海话中的受事前置在是非疑问句和否定句中占据优势，而西北话中的受事前置看不到这种制约。

总体来说，在动类拷贝式话述构式所在的句子中，陈述句使用占绝对优势，其中肯定陈述句占比较大，否定陈述句占比居中，肯定与否定并举陈述句占比较小。再者，通过调查肯定陈述句、否定陈述句、肯定与否定并举陈述句的语料，我们发现不同类型的话述构式倾向于使用肯定形式或否定形式的二者之一，即有的话述构式类型倾向于使用肯定形式，有的话述构式类型倾向于使用否定形式，各种类型的话述构式的肯否定使用存在不对称现象，否定词"不""没"在使用中也存在不对称现象。也就是说，动类拷贝式话述构式总体是陈述句，尤其是肯定陈述句占优势，但是话述构式小类中肯定和否定使用呈现出不同的倾向，即肯否定不对称现象在大类和小类的话述构式存在优势变化。

（1）肯否定使用的倾向性调查

沈家煊指出，语言中的标记现象是指一个范畴内部存在的某种不对称现象，否定句和肯定句的对立也都是有标记和无标记的对立。从使用频率上看，否定句的使用频率要大大低于肯定句。在动类拷贝式话述构式所在的句子中，肯定句占优势；但是细分话述构式类型，肯否定使用呈现出不同的倾向。

A. 否定副词内部使用的不对称

在动类拷贝式话述构式各类型中，都存在肯定和否定形式，其中否定形式主要是指句中运用否定副词"不""没"的形式，具体情况如表3.4所示。

表3.4 动类拷贝式话述构式否定使用情况表

结构类型	基本结构	否定结构	否定标记	标记位置	举例
无标话述构式	V+[V+X]	V+[V不X]	否定副词"不"	第二个动词之后	说说不得，打打不得。他拆肯定拆不了，只能限制你买卖。
		V+[不/没XV]	否定副词"不""没"	两个动词之间	吃不能吃，喝不能喝。走不走，留不留，不知道他想怎么办。
单标话述构式	V+[X+V]	V+{(X)+[不/没VC]}	否定副词"不""没"	两个动词之间	他哭都没哭一声。从保护生物的角度讲应该什么都不吃，呼吸也不呼吸。
		V+{(X)+[V不C]}	否定副词"不"	第二个动词之后	逐也逐不掉，送也送不走，只好硬着头皮甘与穷鬼为伍。谁嫁不出去，抢还抢不着呢。

续表

结构类型	基本结构	否定结构	否定标记	标记位置	举例
单标话述构式	[V+X₁] + {(X) + [V+X₂]}	[V + X₁] + [V+不 X₂]	否定副词"不"	第二个动词之后	我打球打不过你。 年龄大了，打起仗来爬山就爬不动。
		[V + X₁] + [不/没 V + X₂]	否定副词"不""没"	两个动词之间	在路上就是打包没打好，走起来它就晃悠。 悲哀就是不愿意当自己，输什么都不输气质，丢什么都不丢个性。
偶标话述构式	[连+V] + [X+V]	[连 + V] + {(X) + [不/没 VC]}	否定副词"不""没"	两个动词之间	这杯酒我连想都没想就喝了。 他甚至连嚼也不嚼，往下吞咽。
		[连 + V] + {(X) + [V 不 C]}	否定副词"不"	第二个动词之后	困难临头，连睡也睡不着。 没有什么东西会高得连爬都爬不上去。
	[一+V] + [X+V]	[一 + V] + [(X) +不/没 VC]	否定副词"不""没"	两个动词之间	这本书他一碰也没碰过。 女友哭着跑开了，沈五一动也不动。
		[一 + V] + [X+V 不 C]	否定副词"不"	第二个动词之后	她真是力大无比，那两只手攥住我使我一动也动不了。

从表 3.4 可以看出，在无标、单标和偶标话述构式中否定形式分别表现为否定副词和拷贝动词的语序为话述构式中述题谓词之前或之后，即否定副词"不"和"没"在话述构式中具有两种位置类型，分别位于两个拷贝动词之间或位于第二个拷贝动词之后。值得注意的是，否定副词"不"和"没"在动类拷贝式话述构式的使用上不对称，表现为否定副词"不"比"没"使用的范围更广，即否定副词"不"有两个位置——述题谓词前后，而否定词"没"只有一个位置——述题谓词前。

B. 肯否定使用的不对称

下面我们在搜集到的 2 096 句陈述句语料中（详见上文表 3.3）分类考察在不同类型的话述构式中否定形式（包含肯定和否定并举形式）和肯定形式使用的情况，具体统计如表 3.5。

表 3.5　各类型话述构式肯否定形式使用统计表

结构类型	基本结构	例句合计数/个	肯定形式例句数/个	否定形式例句数/个	肯定形式占比/%	否定形式占比/%
无标话述构式	V+［V+X］	386	182	204	47	53
单标话述构式	V+［X+V］	674	425	249	63	37
	［V+X_1］+｛(X)+［V+X_2］｝	757	538	219	71	29
偶标话述构式	［连+V］+［X+V］	253	1	252	1	99
	［一+V］+［X+V］	26	2	24	8	92

从表 3.5 可以看出，动类拷贝式话述构式中无标话述构式、单标话述构式和偶标话述构式各类型的肯定和否定形式使用的倾向性有所不同，也就是说，在有的话述构式类型中肯定形式占优势，在有的话述构式类型中否定形式占优势，如图 3.4 所示。

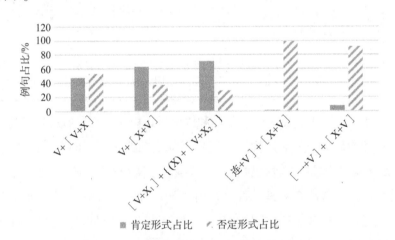

图 3.4　各类型话述构式肯否定形式统计图

从图 3.4 可以看出，话述构式各类型中肯否定使用存在不对称现象，在单标话述构式"V+［X+V］""［V+X_1］+｛(X)+［V+X_2］｝"中倾向于使用肯定形式，在无标话述构式"V+［V+X］"和偶标话述构式"［连+V］+［X+V］""［一+V］+［X+V］"中倾向于使用否定形式，且在偶标话述构式中使用倾向优势极为明显。

（2）不对称现象的深层分析

A. 否定辖域、焦点与语序

袁毓林认为，在语言学上，否定的辖域指一个否定成分的作用范围，其中被否定的项目叫作否定的焦点。沈家煊指出，否定大多是“部分否定”，否定的范围一般只包括谓语部分表达的新信息，不包括主语部分表达的旧信息。在动类拷贝式话述构式中，否定词“不”和“没”在用法上的区别造成了使用的不对称现象。否定范畴的线性表达有其特定的语序效应。否定副词在有标或无标话述构式中的语序和否定辖域、焦点之间表现出一定的规律。

（A）否定副词“不”和“没”与动词（动词性结构）搭配时的语序

一般来说，自然语言否定副词和被否定成分的相对语序与逻辑上辖域的表达方式是一致的。否定副词“不”主要表达说话人的主观情感，指否定现在或将来发生的事件，而“没”主要表达对客观事实的陈述，指否定过去发生的事件。否定副词“不”和“没”都可否定话述构式中的述题谓词，语序为否定副词在前，述题谓词在后。值得注意的是，当述题谓词是述补结构时，否定副词“不”和“没”与述补结构之间的语序表现不太一样。否定副词“不”可位于述补结构之前或中间，表现为“不 VC”和“V 不 C”形式，有两种语序关系；否定副词“没”一般位于述补结构之前，表现为“没 VC”，只有一种语序关系。例如：

(50) 现在不享受，攒钱还房款，吃没吃到，穿没穿到，吃得不好，再累出病来，不是更不划算？

(51) 期末逃无可逃，躲不可躲。

需要指出的是，动类拷贝式话述构式中存在肯定和否定并举的形式，语序是肯定形式在前，否定形式在后。这反映出汉语的特点。[①] 例如：

(52) 陈赓啊，今天你磕也得磕，不磕也得磕。

(53) 明白就明白，不明白就不明白，你也别跟我“如果”，恕不解释，也不指望你的支持。

（B）否定副词“不”和“没”与话题标记搭配时的语序

袁毓林指出，要让焦点成分前置于否定词通常要采用有标记形式，大都是强调重音、“连”“就”“对”“是”等强调性词语。钱方欣指出，汉语否定焦点可以

① 钱方欣（2017：67）指出，汉语和日语都存在肯定和否定并列陈述的现象，但在表达顺序上汉语和日语有所不同，汉语的语序是肯定在前，否定在后；日语则刚好相反，否定在前，肯定在后。

通过否定焦点标记确定，即通过强调和对比重音的方式来确立否定焦点。动类拷贝式话述构式分为无标记话述构式和有标记话述构式两种类型，其中有标记话述构式中话题标记分为单标和偶标，分别由副词、动词和数词充当。张谊生指出，多项副词共现时的顺序：评注>关联>时间>频率>范围>程度>否定>协同>重复>描摹。

在话述构式中，否定词"不"和"没"与话题标记搭配时的语序为话题标记位于否定词之前，否定词位于述题谓词前后。当述题谓词是述补结构时，否定词"不"可位于述补结构之前或中间，表现为"不VC"和"V不C"形式，有两种语序关系；否定副词"没"一般位于述补结构之前，表现为"没VC"，只有一种语序关系。句子的否定焦点为话题，句子的自然焦点为述题，因此否定话述构式表现为双焦点结构，相关动词性成分得到了最大程度的否定。也就是说，句子的否定辖域为整个话述构式。

a. X = {连……也/都……}

㊴ 杉杉没责备他，连提也没提。

㊺ 小学的时候故意不看海，每天扭着脸上学，不过，我毕竟连见都没有见过父母。

例㊴中，话述构式中否定词"没"位于话题标记"连……也……"之后，否定述题谓词"提"，这是句子的自然焦点；话题标记"连"引出的话题"提"为否定焦点。动词"提"同时为句子的否定焦点和自然焦点。

b. X = {也，都，还，才，又……}

㊻ 不过对这一套"切口"，我并不陌生，想都没想，马上答之"完全、彻底"。

㊼ 人家要花钱买的东西你们不提供购买按钮非得要送，送还送不明白！

例㊼中，话述构式中否定副词"不"位于话题标记"还"之后，否定谓词"送"及补语"明白"，为句子的自然焦点；话题"送"位于话题标记"还"之前，为句子的否定焦点。动词"送"同时为句子的否定焦点和自然焦点。

c. X = {一……也/都……}

㊽ 女友哭着跑开了，沈五一动也不动。

㊾ 盛夏的天气常常又闷又热，树上的叶子一动都不动。

例㊽中，话述构式中否定词"不"位于话题标记"一……也……"之后，否定谓词"动"，为句子的自然焦点；话题标记"一"引出的话题"动"为句子的否定焦点。动词"动"同时为句子的否定焦点和自然焦点。

B. 否定与话题语义、预期

沈家煊提出，否定量域规律，是指对某一个量 X 的否定，否定量域是大于或等于 X 的量；全量否定规律，是指对一个最小量的否定意味着全量否定。在动类拷贝式话述构式的否定形式中，受语法和语用因素影响，否定主要采取否定极小量或极大量成员的策略，这跟说话人的心理预期和主观意愿等因素有关。话题按照语义程度的大小可以形成一个量级模型，如图 3.5 所示。

图 3.5　话题语义程度量级模型图

按照话题的语义程度大小形成的量级模型中，各个话题成员之间是连续的，越是靠近最高或最低两端的越倾向用于否定句中，居于中间的话题成员既可用于肯定句中，也可用于否定句中。动类拷贝式话述构式各类型中肯否定使用存在不对称现象，其中偶标话述构式最大程度地倾向于使用否定形式，无标和单标话述构式次之。也就是说，在句子中具有语义程度极值的动词或动词性结构，搭配"一""连……也……"等极量词，倾向使用于话述构式的否定句中，表示全量否定。话题的语义程度量级也跟说话人和社会共享的预期等因素相关，一般位于语义程度量级的最低端。例如：

⑥⓪ 他凝视着桌上的玉牌，却一直都没有伸手，<u>连碰都没有去碰一碰</u>。

⑥① 要时时想着你们这方面，真是不舒服，莫如索性问也不问，<u>连听也不听</u>。

以上例句中，隐含的动作语义程度等级序列为"捧>拎>抓>拿>摸>碰"和"问>说>想>听"，其中话题"碰"和"听"处于语义程度量级的最低端，是说话人和社会预期最容易做出的动作行为，但实际情况是最容易发生的动作行为没有发生，否定句中对最小量的否定代表对全量的否定，表达反预期信息，用话题标记"连……都……"和"连……也……"引出话题，强调"没有碰一下"和"没有听一下"这种极量情况，其中例⑥⓪中谓词补语"碰一碰"加深了强调程度。上述例子中，话题标记"连……都/也……"中的"都""还"等可以叫作反预期标记。

动类拷贝式话述构式各类型中肯否定使用存在不对称现象，其中偶标话述构式最大程度地倾向于使用否定形式，无标和单标话述构式次之，单标话述构式肯定形式占优势。在单标话述构式小类中，话题的语义程度量级也跟说话人和社会共享的预期等因素相关，一般位于语义程度量级的最高端。例如：

㉒ 我想烫都烫了，当然要烫最卷的，也就是多了个狮子王。

㉓ 造的那些田泡也泡了，修她奶奶河堤弄啥？！

例㉒中隐含的动作语义程度等级序列为"烫＞拉＞剪＞吹＞洗"，话题"烫"处于语义程度量级的最高端，是说话人和社会预期较难做出或比较复杂的动作行为，但实际情况是最难的动作行为已经发生了，表达超预期信息，用话题标记"都"引出话题，强调"都已经烫了"，表达说话人积极肯定的主观情感；例㉓中隐含的动作语义程度等级序列为"泡＞浸＞灌溉＞浇＞洒"，话题"泡"处于语义程度量级的最高端，是说话人和社会预期不太可能发生的动作行为，但实际情况是最不可能发生的动作行为已经发生了，表达反预期信息，用话题标记"也"引出话题，强调"田已经被泡了"这种最糟糕的情况已经发生了，表达说话人不满、愤怒的主观情感。

综上可知，动类拷贝式话述构式肯否定形式的预期也存在不对称现象，表现为否定形式中话题语义处于预期量级最低端，肯定形式中话题语义处于预期量级最高端。刘丹青指出，话题与属性谓语和主题判断是无标记匹配，与事件谓语是有标记匹配，与主题判断不相匹配。动类拷贝式话述构式中，述题包括属性谓语和事件谓语，话题和述题之间常常通过话题标记和否定标记匹配。据统计，在话述构式语料中有标形式占绝对优势（81.6%），否定形式占比将近一半（45.2%），话题标记和否定标记在话述构式运用中发挥了重要的作用，话题与述题中谓语属于有标记匹配类型。

3.2.2　话题的信息特征

语言学中的"信息"是指已知的或可以预测的信息和新的或不可预测的信息之间相互作用的过程，在语言学意义上，信息是由新旧交替而产生的，信息单位是一种由新信息和已知信息两种功能组成的结构。也就是说，每一个信息单位都由已知（旧）信息和新信息两部分组成。动类拷贝式话述构式为一个信息单位，按照话题在上下文是否被提及，可分为已设话题和新设话题。已设话题是指话题在上下文语境中出现过，用于话述构式中作为已知信息；新设话题是指话题在上下文语境中没有出现过，是新提出的话题，或是上下文语境中只提到跟话题相关的信息而没有直接出现的话题，该类话题表达的是间接激活的信息。说话人根据上下文语境中的信息环境，选择相应的话题类型来表达语义语用功能。

3.2.2.1 已设话题

刘辰诞、赵秀凤认为，前一句的新信息成为后一句的已知信息，以此形成篇章的波浪式信息流动。在上下文语境中提到的信息，说话人认为必须重复提及作为说话的起点，倾向于使用话述构式，其中话题为已设话题，表明已知信息，表现为使用动词或动词语素，一般为等量拷贝或增量拷贝，起到语篇衔接的作用。例如：

㉔ 第二，精准**打击**，打就打到了痛处。（等量拷贝）

㉕ **落后**在哪里？不在农业，也不在城市工业，落后就落后在乡镇企业上。（等量拷贝）

㉖ 这个包**喜欢**吗？喜是喜欢，可是太贵了。（增量拷贝）

3.2.2.2 新设话题

徐烈炯、刘丹青指出，"已被激活的信息"其实就是强调作为话题的对象不但是谈话双方都知道的已知信息，而且必须是在现场已经被提及的对象，可分为直接激活和间接激活两类。直接激活是指已经被直接提及过的信息充当话题，间接激活是指在上下文中话题没有被直接提及过，在字面上是新信息，与提到的对象或情景有密切的相关性，它的相关信息已被激活过。直接激活就是上文所提到的话题为已设话题的情形，以下主要谈论间接激活的话题。在上下文语境中没有直接提到话题信息，话题在文中首次被提及，该话题为新设话题，表明间接激活的信息或新信息，表现为动词或动词性结构，一般为等量拷贝或减量拷贝。例如：

㉗ 我可能也叫他，走咱们的音乐的路啊，可能就是指挥啊，或者什么音乐管理之类吧，唱歌我不太想让他唱，唱歌太辛苦。（等量拷贝）

㉘ 官兵也辛苦，政府安排也安排不过来。（等量拷贝）

㉙ 但他偏空了，一切东西都不要了，都废弃了，连睡觉也睡在马路边的阴沟筒子里。（减量拷贝）

在已设话题中，常使用等量拷贝和增量拷贝；在新设话题中，常使用等量拷贝和减量拷贝。原因在于，已设话题为已知信息，其上下文语境中已有相同信息，话题可以使用相对简化的形式，述题需要使用相对完整的形式；新设话题为新信息或被激活信息，其上下文语境中无信息或有相关信息，话题为说话人言谈的起点，应运用相对具体的形式，述题可以使用相对简化的形式。

3.2.2.3 链话题

在动类拷贝式话述构式所在的句子中，如有表达需要，常把主话题或次话题的语义管辖范围扩展到两个或两个以上小句，形成单话题链（大主题）和多话题链（大主题、次要主题、三级主题）等，表达陈述义、强调义、对比义等语义，具有这种功能的话题叫作链话题。值得注意的是，链话题为主话题，多由名词性成分充当，其语义管辖范围至动类拷贝式次话述构式，动词性拷贝话题为次话题，这种"名动型"链话题也是动词性拷贝话题充当次话题的一种重要表现形式。

（1）单链话题

在动类拷贝式话述构式所在的句子中，话题常把语义管辖范围扩展到两个或两个以上小句，表达陈述义、强调义和对比义等语义，具有这种功能的话题叫作单链话题。充当单链话题的一般为名词性话题或动词性话题，在名词性主话题充当链话题的句子中，动词性拷贝话题为次话题。例如：

⑦ 不过**这化肥**ᵢ也太贵了，ᵢφ一个劲地涨价，ᵢφ**离还离不了**。（单链话题）

⑦ 对于**国外的人才服务机构**ᵢ，ᵢφ**堵是堵不住的**。（套接式单链话题）

⑦ 饼是粘着芝麻的那种烧饼，他咬了一口，**一粒芝麻**ᵢ就掉到了桌缝里，ᵢφ**抠，抠不出来**，ᵢφ**再抠，还是抠不出来**。（单链话题）

（2）多链话题

在动类拷贝式话述构式所在的句子中，主话题和次话题常把语义管辖范围扩展到两个或两个以上小句，表达陈述义、强调义和对比义等语义，具有这种功能的话题叫作多链话题。充当多链话题的一般为名词性话题，动词性拷贝话题为次话题。例如：

⑦ 既然你这么行，**桌上**ᵢ**那份报名表**ⱼ为什么不寄出去？ᵢφⱼφ**填都填好了**，不是吗？（多链话题）

⑦ **今天**ᵢ**这衣服**ⱼ你买也得买，ᵢφⱼφ**不买也得买**！（多链话题）

⑦ 哈哈，您有多少**文物**ᵢ、**古宝**ⱼ，ᵢφⱼφ**掏也掏不尽**。（套接式链话题）

3.2.3 表达主观性

沈家煊指出，"主观性"是指语言的这样一种特性，说话人在说出一段话的同时表明自己对这段话的立场、态度和感情。"话语立场"是一个主观性范畴，通过语言的词汇、语法形式等来编码反映不同的立场范畴，包括评价、情感和道义。动类拷贝式话述构式表达了说话人的主观评价和情感，主要分为积极义和消极义。相较于一般的陈述性语句（一般的主谓句）来说，话题拷贝结构句的语势会大大增强或减弱。

3.2.3.1 积极义

动类拷贝式话述构式常表达积极义，表明说话人对某事物或动作行为表现出愉快、赞同、劝慰等主观情感。例如：

㊻ 小孩子真好啊！<u>吃又吃得好，玩又玩得好</u>。（愉快义）

㊼ 你急也没有用，<u>迟到就迟到</u>吧。（劝说、安慰的情态义）

3.2.3.2 消极义

动类拷贝式话述构式常表达消极义，表明说话人对某事物或动作行为表现出让步、妥协、不满、责备、容忍、无所谓等主观情感。

㊽ 雨越下越大，我索性就不跑了，慢慢走，反正<u>淋都淋了</u>。（让步、容忍的情态义）

㊾ 当初愿意下这个赌注，如今就该甘心地服输，而<u>输都输了</u>，那他还有啥好说。（不满的情态义）

㊿ 许达伟<u>说是说要把罗莉救出虎口</u>，可他自己也正掉在"虎口"里。（责备的情态义）

3.3 本章小结

本章从动类拷贝式话述构式的功能方面进行分析，得出以下结论。一是话述构式的句法功能表现为：话题、述题和话述构式在句中的句法角色不同，话题充当主话题、次话题、次次话题的句法角色，述题充当大谓语、小谓语的句法角色，话题和述题的搭配呈对应关系；话述构式在句中可充当多种句法成分，独立成句或作为复句的分句。二是话述构式的语用功能表现为话述构式在陈述句中使用最多，其中在肯定陈述句中占比较大，在否定陈述句中居中，在肯定与否定并举陈述句中也占有一定的数量；话题的信息特征表现为已设话题、新设话题和链话题，话述构式表达积极义和消极义的主观性情感。

第四章　意义分析

根据话述构式的构式义、语义关系、语义指向、语用语义等，可将话述构式分为不同的语义类型，语义类型大类之下又可分为若干小类。此外，话述构式的话题具有指称性倾向、冗余性、信息性，构式运用在句子中表达一定的逻辑语义关系。以下将分类别具体论述动类拷贝式话述构式的意义。

4.1　语义类型

徐烈炯、刘丹青指出，从语义角度研究话题，可以从两个方面进行探讨。一个方面是话题的关系语义，也就是话题跟句子其他成分的语义关系，也就是话题跟话题后的述题或述题中的某些部分之间的语义关系。另一个方面是话题的指称语义，即话题是以怎样的方式跟外部世界中的对象发生联系的。在动类拷贝式话述构式中，在构式义、语义关系、语义指向和语用语义方面，话题和述题之间具有多样性关系。

4.1.1　构式义类型

根据构式的定义，动类拷贝式话述构式属于构式的一种类型，其整体功能意义不能从其构成成分——话题、述题或话题标记（如有）相加之和推导出来，其构成成分整合后会产生新的整体意义，表达特定的感情色彩或语气，这就是话述构式的构式义。构式可分为凝固型构式、半凝固型构式、短语型构式、复合句构式四种类型，或实体构式和图式构式两种类型。话述构式的构成成分都是变项，没有常项，因此基本属于短语型构式或图式构式。吴为善认为，"构式义"不仅是语义层面的概括，更是语用层面的概括。动类拷贝式话述构式的构式义包括句法意义和语用意义，在等式、扩充式、缩减式、交叉式四大基本形式类型下，同一种构式义可通过不同的构式形式来表示，即"一义多形"；同样，同一类构式形式可表达不同的构式义，即"一形多义"。这是多义构式和同义构式的具体例证。

动类拷贝式话述构式的构式义类型可分为接受构式、不满构式、选定构式、确认构式、结果构式、强调构式、解释构式、描写构式、评述构式、假设条件构式、因果构式、让步构式、区别构式、类同构式，共 14 类。这 14 类构式义下又可分为不同类型的构式体义，分别由不同小类的话述构式形式来表示，构成了话述构式群。也就是说，话述构式中构式义类型一般为原型义，在具体的语境中体现为构式体义，构式体义一般为兑现的原型义、派生偏移义或临时修辞义，须结合句子或上下文语境、社会语境分析。动类拷贝式话述构式的构式义具有层级性，具体动类拷贝式话述构式群层级如表 4.1 所示。

表 4.1 动类拷贝式话述构式群层级表

序号	构式义类型	基本构式形式	构式体义类型	构式体形式
1	接受构式	等式	劝慰构式	等式、扩充式
			认同构式	等式、缩减式
			无奈构式	等式
			无所谓构式	等式、扩充式、缩减式
2	不满构式	等式、扩充式、交叉式	容忍构式	等式、扩充式
			生气构式	等式、扩充式、交叉式
3	选定构式	扩充式、交叉式	领属选定构式	交叉式
			类属选定构式	交叉式
			性质选定构式	交叉式
			数量选定构式	交叉式
			动作选定构式	等式、扩充式、缩减式
4	确认构式	等式、扩充式	肯定构式	等式、扩充式、缩减式
			确定构式	等式、扩充式、缩减式、交叉式
5	结果构式	扩充式、交叉式	客观结果构式	扩充式、交叉式
			主观结果构式	等式、扩充式、交叉式
6	强调构式	等式、扩充式	正反强调构式	等式
			已然强调构式	等式、扩充式、缩减式
			进行强调构式	缩减式
			未然强调构式	扩充式、交叉式
			常识强调构式	等式、扩充式、缩减式、交叉式
7	解释构式	交叉式	—	交叉式

续表

序号	构式义类型	基本构式形式	构式体义类型	构式体形式
8	描写构式	交叉式	状态描写构式	扩充式、交叉式
			程度描写构式	扩充式、交叉式
			趋向描写构式	交叉式
			时地描写构式	交叉式
			数量描写构式	交叉式
9	评述构式	交叉式	赞扬构式	扩充式、交叉式
			批评构式	扩充式、交叉式
10	假设条件构式	等式、扩充式、缩减式、交叉式	假设构式	等式、扩充式、缩减式、交叉式
			条件构式	等式、扩充式、交叉式
11	因果构式	等式、扩充式、交叉式	原因构式	等式、交叉式
			结果构式	等式、扩充式、交叉式
			因果构式	扩充式、交叉式
12	让步构式	等式	重转构式	等式、扩充式、缩减式
			轻转构式	等式、扩充式
13	区别构式	等式	对举区别构式	等式、扩充式
			平列区别构式	等式、扩充式
14	类同构式	等式、扩充式、缩减式、交叉式	近义构式	等式、扩充式、缩减式、交叉式
			语义框架构式	等式、扩充式、缩减式、交叉式

从表4.1可知，动类拷贝式话述构式的构式义具有层级性。具体来说，话述构式14种构式义都有一个（或一个以上）基本构式形式，此外在每种构式义类型下还有不同类型的构式体义类型，分别由不同的构式形式表达，形成构式义层级体系。其中，有的构式义下的构式体义层级较多（5类），有的构式义下的构式体义层级较少（2类），有的构式义下无构式体义小类，构式义层级类型呈现出多样性。以下将按照类别分别说明话述构式的构式义层级类型。

语言符号象似性是指语言符号在语音、形态或结构上与其所指之间映照性相似的语言现象，可分为数量象似、顺序象似和距离象似等方面。动类拷贝式话述构式各类型体现了语言符号的数量象似性，因为跟一般主谓句运用一个动词或动词性成分相比，话述构式中运用两个或两个以上动词或动词性成分，语符数的增加表达了话述构式的特殊语义语用效果。此外，动类拷贝式话述构式的部分类型还体现了语言符号的顺序象似性和距离象似性,其中顺序象似性主要指时间顺序象似,即话述构式语符线性排列顺序符合动作行为或事件发生发展的顺序;距离象似性主要是指话述构式语符之间的间隔距离符合动作行为或事件发生发展或产生结果的紧密程度。以上语言符号象似性需要结合具体话述构式类型分析。

4.1.1.1 接受构式

该类型构式表达说话人对于某动作行为或事件接受的语义,在不同的语境中含有对动作行为或事实结果的劝慰、认同、无奈、无所谓、妥协等意义。该类型构式义主要由等式来表示,扩充式和缩减式均为等式的变式,具有表达劝慰义、认同义、无奈义、无所谓义的语用效果。

(1) 劝慰构式

该小类构式表达说话人劝解和安慰听话人的含义,以期达到缓和听话人情绪、安抚听话人心理的语用效果。句中动词或动词短语一般表达说话人或听话人主观不期望发生的动作行为或事件,具有消极情感色彩意义,句中常有语气词"吧""嘛"等,具有舒缓语气、加强亲和力的作用,并常用于祈使句和口语语体中。

该小类构式体现了句法象似性的数量象似原则,即通过形成动词拷贝形式以及添加话题标记、时体标记和句法成分条件来表达劝慰义。该小类劝慰构式义主要由等式和扩充式形式来表达,无缩减式和交叉式表达,其中扩充式是等式的变式。

A. 等式

该类型通过形成动词拷贝形式,添加话题标记"就""都"、情态标记"吧""呗""嘛""了""着"和宾语、补语、状语句法成分等条件协同作用表达劝慰义。

(A) V+V

① 谁让自个没本事,赶上了呢,走就走吧。
② 断了就断了吧,换一个新的,换一段新的旅程!

(B) VP+VP

③ 回老家回老家吧,好好休息一下。
④ 跳得不好就跳得不好,我们练了这么久,也算尽力了。
⑤ 用袋子装就用袋子装嘛,这样也省力。

B. 扩充式

该类型通过形成动词拷贝形式,添加话题标记"就"、情态标记"吧"、状语句法成分等条件，其中状语常由使令动词"让、叫、派"等或介词"由、随、任"及第三人称代词"它、他"等构成，上述条件协同使用表达劝慰义。

(A) V+VP

⑥ 没什么了啦，<u>定制就让它定制吧</u>，改明儿刷回来就是了。

⑦ 呼天成看他了一眼，笑了笑说："咱是鱼么。<u>钓就由他钓吧</u>。"

(2) 认同构式

该小类构式表达说话人赞成、同意听话人的行为、意见和建议，具有积极的情感态度，常和语气词"呗""吧"等连用，常用于感叹句和祈使句中。该小类构式体现了句法象似性的数量象似原则，即通过形成拷贝形式、添加话题标记和句法成分来表达认同义，主要由等式、缩减式形式表达，无扩充式、交叉式形式表达，其中缩减式是等式的变式。

A. 等式

该类型通过形成动词拷贝形式，添加话题标记"就""是""也就"、情态标记"呗""吧""嘛""了"和宾语、补语、状语句法成分等条件协同作用表达认同义。

(A) V+V

⑧ <u>你去去呗</u>！

⑨ 钱放着干什么？<u>花花吧</u>！

(B) VP+VP

⑩ <u>惩罚他就惩罚他吧</u>，犯了错就该惩罚。

⑪ <u>唱得好就是唱得好</u>，这是事实。

⑫ 根据组委会的要求，他<u>不能戴就不能戴</u>。

B. 缩减式

该类型通过形成动词拷贝形式，添加情态标记"呗""吧"单一条件作用表达认同义。

(A) V+v

⑬ <u>滑冰滑呗</u>！

⑭ <u>跳舞跳吧</u>。

(3) 无奈构式

该小类构式表达说话人无奈、惋惜的情感态度，含有自我安慰、自我鼓励的语用效果，体现了句法象似性的数量象似原则，即通过形成拷贝形式，添加话题标记和句法成分等协同作用表达无奈义，主要由等式形式表达，无扩充式、缩减式、交叉式形式表达。

A. 等式

该类型通过形成动词拷贝形式，添加话题标记"就"、情态标记"吧"和宾语、补语或主语句法成分条件等协同使用表达无奈义。

（A）V+V

⑮ 撕就撕吧，撕完了还能拼回来。

⑯ 他们都说，穷乡僻壤的，忘了也就忘了吧。

（B）VP+VP

⑰ 打包就打包，没时间了。

⑱ 你要把狗抓走吗？抓走就抓走，我再买一只。

⑲ 他去就他去，其余人明天都没有时间。

（4）无所谓构式

该小类构式表达说话人无所谓的情感态度，含有不在乎、自我调节情绪的语用效果，体现了句法象似性的数量象似原则，即通过形成拷贝形式，添加话题标记、情态标记和句法成分等协同作用，主要由等式、扩充式、缩减式形式表达，无交叉式形式表达，其中扩充式、缩减式是等式的变式。

A. 等式

该类型通过形成动词拷贝形式，添加话题标记"就"、情态标记"呗"和补语、主语句法成分等条件等协同使用表达无所谓义。

（A）V+V

⑳ 渴就渴，不能失仪！

㉑ 赚了就赚了呗！

（B）VP+VP

㉒ 生活当中，觉得有的时候熬一晚就熬一晚，第二天无所谓。

㉓ 您拉回去养去。我养就我养。

B. 扩充式

该类型通过形成动词拷贝形式，添加话题标记"就"、情态标记"吧"和状语句法成分等条件等协同使用表达无所谓义。

V+VP

㉔ 啃就叫它啃了吧，长我身上也没啥用。

㉕ 牛奶喝<u>就</u>这样<u>喝</u>了，热不热不要紧。

C. 缩减式

该类型通过形成动词拷贝形式，添加话题标记"就"、情态标记"吧"和宾语句法成分等条件等协同使用表达无所谓义。

VP+V

㉖ 额，我受不了了，<u>掉粉儿就掉</u>吧，我不惧！

㉗ 苏阑眼睛一眯，沈醉皱眉，<u>火上浇油就浇</u>吧。

4.1.1.2 不满构式

该类型构式表达说话人对于某动作行为或事件不满的语义，在不同的语境中表达对动作行为或事实结果的容忍、生气、愤怒的情感态度，体现了句法象似性的数量象似原则，即通过形成拷贝形式，添加话题标记、情态标记和句法成分等协同作用，主要由等式形式来表达。扩充式和交叉式的形式较为单一，主要为否定形式表达。

（1）容忍构式

该小类构式表达说话人对于某动作行为和事件的不可接受但保持容忍的情感态度，含有不满、抱怨的情绪，体现了句法象似性的数量象似原则，即通过形成拷贝形式，添加话题标记、情态标记和句法成分等条件协同作用，主要由等式、扩充式形式表达，无缩减式、交叉式形式表达，其中扩充式是等式的变式。

A. 等式

该类型通过形成动词拷贝形式，添加话题标记"就"、情态标记"呗""了"和宾语句法成分条件等协同使用表达容忍义。

（A）V+V

㉘ 那你还有什么好争论的，<u>丢了就丢了</u>呗，反正死都没办法要回来。

㉙ 有本事动我试试？<u>试试就试试</u>！

㉚ <u>不知道就是不知道</u>。

（B）VP+VP

㉛ 这儿的天<u>不下雨就不下雨</u>，一下雨就下个没完。

㉜ 我心想你们少跟我来这一套，<u>叫警察就叫警察</u>。

B. 扩充式

该类型通过形成动词拷贝形式，添加话题标记"就"、情态标记"得了""算了"和补语句法成分条件等协同使用表达容忍义。

V+VP

㉝ 你<u>跑就跑</u>你的得了，为什么偏偏要我老二陪绑呢！

㉞ 既然是顺路，<u>搭就搭</u>一段算了。

（2）生气构式

该小类构式表达说话人对于某动作行为和事件的生气、愤怒的情感态度，含有激动、抱怨的语气，体现了句法象似性的数量象似原则，即通过形成拷贝形式，添加话题标记、情态标记和句法成分等协同作用，该小类生气构式义主要由等式、扩充式、交叉式形式表达，无缩减式形式表达。

A. 等式

该类型通过形成动词拷贝形式，添加话题标记"就"、情态标记"了"和宾语、补语、状语句法成分条件等协同使用表达生气义。

（A） V+V

㉟ <u>认识就认识</u>，还跟我打官腔？

㊱ <u>吃了就吃了</u>，为什么不承认？

（B） VP+VP

㊲ <u>干什么就干什么</u>，脚踏两只船是不可能的。

㊳ 一起吃饭的时候，<u>走错就走错了</u>，那是绝对不允许的。

㊴ <u>不扔就不扔</u>，拉倒！

B. 扩充式

该类型通过形成动词拷贝形式，添加话题标记"就""也""都"和宾语、补语句法成分条件等协同使用表达生气义。

V+VP

㊵ <u>怕就怕不懂装懂</u>，拿国家财产当儿戏，那是很危险的。

㊶ 你好讨厌啊！你<u>看都不看人家一眼</u>。

C. 交叉式

该类型通过形成动词拷贝形式，添加话题标记"才""能"和宾语、补语句法成分条件等协同使用表达生气义。

VP_1+VP_2

㊷ 您知道<u>摔多少次才摔出个结果来</u>？您这是把他全毁了啊！

㊸ <u>吃一回能吃到这样的胶囊出来</u>，我要投诉你们！

4.1.1.3 选定构式

该类型构式表达说话人选择和确定实施某一动作行为或事件，话题和述题之间具有领属、类属、性质、数量等语义关系，体现了句法象似性的数量象似和时间顺序象似原则，即通过形成拷贝形式，添加话题标记、句法成分条件等协同作用，主要由交叉式、扩充式形式来表达。等式和缩减式为扩充式的变式，主要为否定形式表达。其中，领属选定构式、类属选定构式、性质选定构式、数量选定构式4种类型构式的表义形式（交叉式）和动作选定构式的表义形式（等式、扩充式、缩减式）呈互补分布特点。

(1) 领属选定构式

该小类构式中一般话题和述题论元之间具有领有和所属的语义关系，即述题论元是话题论元的一部分，体现了句法象似性的数量象似和时间顺序象似原则，即通过形成拷贝形式，添加话题标记和句法成分等协同作用，主要由交叉式形式表达，无等式、扩充式、缩减式形式表达。

A. 交叉式

该类型通过形成动词拷贝形式，添加话题标记"要""还"和宾语句法成分条件等协同使用表达领属选定义。

VP_1+VP_2

㊹ <u>牵牛要牵牛鼻子</u>，回收催化剂的关键设备旋风分离器的改造"首当其冲"。

㊺ <u>救人还要救心</u>，俞春传同她谈人生、谈理想、谈文学，引导她珍惜人生。

(2) 类属选定构式

该小类构式中一般话题和述题论元之间具有类别和个别的语义关系，即述题论元是话题论元的小类部分，两者为集体和个体的关系，体现了句法象似性的数量象似和时间顺序象似原则，即通过形成拷贝形式，添加话题标记和句法成分等协同作用，该小类类属选定构式义主要由交叉式形式表达，无等式、扩充式、缩减式形式表达。

A. 交叉式

该类型通过形成动词拷贝形式，添加话题标记"就""是"和宾语句法成分条件等协同使用表达类属选定义。

VP_1+VP_2

㊻ <u>送米是送大米</u>（短斤缺两），诈"米"则是骗钱（加倍收钱）。

㊼ 这就有了<u>购物就购本国货</u>，而裁员就裁外国人这样的一些说法。

（3）性质选定构式

该小类构式中一般话题和述题论元之间具有抽象和具体的语义关系，即述题论元是话题论元的具体化，一般为“的”字结构形式，体现了句法象似性的数量象似和时间顺序象似原则，即通过形成拷贝形式，添加话题标记和句法成分等条件协同作用，主要由交叉式形式表达，无等式、扩充式、缩减式形式表达。

A. 交叉式

该类型通过形成动词拷贝形式，添加话题标记“就”和宾语、补语句法成分条件等协同使用表达性质选定义。

VP_1+VP_2

㊽ 跟父母亲住在一起，我老婆就负责女儿的学费，我们吃饭就吃父母亲的。

㊾ 他买衬衫就买蓝色的。

（4）数量选定构式

该小类构式中一般话题和述题论元之间具有中心语和修饰语的语义关系，即述题论元是话题论元的定语，定语为数量短语，两者为被修饰和修饰的关系，体现了句法象似性的数量象似和时间顺序象似原则，即通过形成拷贝形式，添加话题标记（非必要条件）和句法成分等条件单独或协同作用，主要由交叉式形式表达，无等式、扩充式、缩减式形式表达。

A. 交叉式

该类型通过形成动词拷贝形式，添加话题标记“要”和宾语句法成分条件协同作用，或宾语句法成分条件单独使用表达数量选定义。

VP_1+VP_2

(50) 吃饭要吃三碗。

(51) 吃药吃两种。

（5）动作选定构式

该小类构式表示选定是否实施某一动作行为或事件，一般为否定选择，有的具有主观极量义，体现了句法象似性的数量象似和时间顺序象似原则，即通过形成拷贝形式，添加话题标记、情态标记或句法成分等条件单一或协同作用，主要由等式、扩充式、缩减式形式表达，无交叉式形式表达，其中等式也可看成扩充式的一种形式（把否定词“不”看成句中的句法成分），缩减式也可认为是扩充式的变式。

A. 等式

该类型通过形成动词拷贝形式，添加话题标记“都”“也”和情态标记“不”“没”“没有”等条件协同作用表达动作选定义。

V+V

(52) 他解释都不解释。

(53) 杉杉没责备他，连提也没提。

B. 扩充式

该类型通过形成动词拷贝形式，添加话题标记“都”“也”“是”、情态标记“不”“没”和宾语、补语、状语句法成分条件等协同作用表达动作选定义。

V+VP

(54) 这时媚兰将一只手塞进了她的手里，好像在寻求安慰似的，可是她连捏都没捏它一下。

(55) 说是没说出口，可他脸上的表情已经把意思表达得很明显了。

(56) 现在，他们连嚷都懒得嚷了。

C. 缩减式

该类型通过形成动词拷贝形式，添加情态标记“不”“没”条件单一运用表达动作选定义。

V+v

(57) 洗澡不洗，非要看电视。

(58) 学习没学，就走了。

(6) 消极评价选定构式

该小类构式中一般话题和述题论元之间具有抽象和具体的语义关系，即述题论元是话题论元的具体化，一般为“的”字结构形式，体现了句法象似性的数量象似和时间顺序象似原则，即通过形成拷贝形式，添加话题标记和句法成分等协同作用，主要由交叉式形式表达，无等式、扩充式、缩减式形式表达。

A. 交叉式

该类型通过形成动词拷贝形式，添加话题标记“要”“得”和宾语、补语句法成分等条件协同使用表达消极评价选定义。

VP_1+VP_2

(59) 买书要买贵的。

(60) 吃饭得吃好的，衣服得买牌子的。

4.1.1.4 确认构式

该类型构式表达说话人确认某一动作行为或事件的发生和持续,具有肯定、确定的语气,体现了句法象似性的数量象似原则,即通过形成拷贝形式,添加话题标记、情态标记或句法成分条件等单独或协同作用,主要由等式、扩充式形式来表达。等式形式较为单一,缩减式为等式和扩充式的变式,交叉式为扩充式的变式。

(1) 肯定构式

该小类构式是肯定动作行为的发生和持续,强调动作行为的必要性和价值,体现了句法象似性的数量象似原则,即通过形成拷贝形式,添加话题标记、情态标记或句法成分等条件单一或协同作用,主要由等式、扩充式、缩减式形式表达,无交叉式形式表达,其中扩充式、缩减式是等式的变式。

A. 等式

该类型通过形成动词拷贝形式,添加话题标记"是"、情态标记"了"等条件单一或协同作用表达肯定义。

V+V

㉠ 自己人不说假,<u>坦白是坦白</u>。

㉒ <u>吃是吃了</u>,吃完之后怎么做,要好好想想。

B. 扩充式

该类型通过形成动词拷贝形式,添加话题标记"要""是"条件单一运用表达肯定义。

V+VP

㉓ <u>吃要吃饭</u>,饿了。

㉔ <u>吃是吃包子</u>,喝什么?白开水。

C. 缩减式

该类型通过形成动词拷贝形式,添加话题标记"要"和宾语句法成分等条件协同作用表达肯定义。

VP+V

㉕ <u>上街要上</u>,我们要快点,赶时间呢!

㉖ <u>喝酒要喝</u>,不然实在没有氛围啊!

(2) 确定构式

该小类构式是确定某一动作行为实施或持续,常和强调格式"是……的"连用，具有强调确认的语气，体现了句法象似性的数量象似原则，即通过形成拷贝形式，添加话题标记、情态标记或句法成分等条件单一或协同作用，主要由等式、扩充式、缩减式、交叉式四类形式表达。

A. 等式

该类型通过形成动词拷贝形式，添加话题标记"要"、情态标记"了"条件与强调格式"是……的"协同作用表达确定义。

V+V

㊻ 吃是要吃的，不要喝的。

㊽ 哭是哭了的，因为看见了妈。

B. 扩充式

该类型通过形成动词拷贝形式，添加情态标记"没""吧"、主语句法成分等条件单一或协同作用表达确定义。

V+VP

㊾ 打你打，我不打。

⑦ 啃你没啃吧？

C. 缩减式

该类型通过形成动词拷贝形式，添加宾语句法成分条件和强调格式"是……的"协同作用表达确定义。该类型是扩充式的变式。

VP+V

⑦ 吃饭是要吃的。

⑦ 喝水是要喝的。

D. 交叉式

该类型通过形成动词拷贝形式，添加宾语、主语句法成分条件协同作用表达确定义。该类型是扩充式的变式。

VP_1+VP_2

⑦ 吃饭我吃，活我不干。

⑦ 拖地妈妈拖。

4.1.1.5 结果构式

该类型构式表达某一动作行为或事件的现状或结果，一般可分为事实发生的结果和说话人或社会的主观预期结果两种类型，体现了句法象似性的数量象似和时间顺序原则，即通过形成拷贝形式，添加话题标记、情态标记或句法成分条件等协同作用，主要由交叉式、扩充式形式来表达。扩充式和等式的表达形式较为单一，主要为否定形式或表达否定意义。

（1）客观结果构式

该小类表达某一动作行为或事件的现状或事实结果，体现了句法象似性的数量象似原则，通过形成动词拷贝形式，添加话题标记、情态标记或句法成分条件等协同作用，主要由扩充式、交叉式形式表达，无等式、缩减式形式表达。

A. 扩充式

该类型通过形成动词拷贝形式，添加话题标记"就""还""也""也是"，情态标记"不"或补语、宾语、状语句法成分等条件协同作用表达客观结果义。

V+VP

㊄ 她真是力大无比，那两只手攥住我使我<u>一动也动不了</u>。

㊅ 等到昨天晚上他们提出这件事的时候，我们<u>买都买不到票</u>了，这班飞机早就全满了。

㊆ 肉卖完或者卖不完，下午都没有买主，<u>耗着也是干耗着</u>，不如早点关门歇息。

B. 交叉式

该类型通过形成动词拷贝形式，添加情态标记"了"和宾语、补语、状语、"的"字短语句法成分等条件协同作用表达客观结果义。

（A）VP_1+VP_2

㊇ 他<u>吃饭吃饱了</u>。

㊈ 你<u>写通知写落了一个字</u>。

㊉ 上海的体院小孩，不得了。<u>跳绳都能跳出这么多花儿来</u>。

㊛ 楼上<u>剁饺子馅把俺剁醒了</u>。

㊜ 他<u>玩游戏玩了一天玩得很累</u>。

㊝ 不过，如今的树早已生得枝繁叶茂，<u>硬砍是砍不倒的</u>了。

㊞ <u>这些视频看一半就看不了了</u>，怎么回事？

㊟ 他那衰老的腿拖着锁链，<u>爬了好久都爬不上车</u>。

㊠ <u>三项消耗的降低就降低成本3亿元</u>。

（B）V+vP

㊡ 那个小孩<u>发烧烧了一嘴泡</u>。

㊢ 我昨天晚上<u>做梦还梦见他了</u>，很诡异啊！

⑧⑨ 太古时代英雄们的思考方法与切嗣相去甚远，使他连叹气都叹不出口来了。

⑨⓪ 这一场吵呀，可真是非同小可，惊动左右邻居，都来劝解也劝不开，农会干部也来劝半天。

⑨① 他摔跤摔了一个疤。

⑨② 路两边，商铺不让修，拆迁没拆到位。

⑨③ 知名度大了企业才有吸引力，不具备条件，乞求人家是求不来的。

⑨④ 汤姆枪扫是扫掉了几个敌人，打死敌人师长骑的一匹马。

（2）主观结果构式

该小类表达对整个事件结果的主观评述，认为该动作行为是否能够达到说话者或社会的主观预期，或是与其会产生说话者认为的反预期的结果，不如改变有关做法等含义，体现了句法象似性的数量象似原则，通过形成动词拷贝形式，添加话题标记、情态标记或句法成分条件等协同作用，主要由等式、扩充式、交叉式形式表达，无缩减式形式表达。

A. 等式

该类型通过形成动词拷贝形式，添加话题标记"也""也是"和情态标记"了"等条件协同作用表达主观结果义。

V+V

⑨⑤ 扔了也扔了，你送给我吧。

⑨⑥ 如果我不要的话，浪费也是浪费了。

B. 扩充式

该类型通过形成动词拷贝形式，添加话题标记"是""也""也是"，情态标记"了""不"或补语、宾语、状语句法成分等条件协同作用表达主观结果义。

V+VP

⑨⑦ 拆肯定拆不了，只能限制你买卖。

⑨⑧ 谁敢上来，老子咬也咬死你们！

⑨⑨ 在家多练习画画，画就能画出一幅好画来。

⑩⓪ 家里的药吃不完，有的过期了，也不知怎么办，扔了也是白扔。

C. 交叉式

该类型通过形成动词拷贝形式，添加补语、宾语、状语句法成分等条件协同作用表达主观结果义。

VP₁+VP₂

⑩ 他聪明，<u>学数学学得懂</u>。

⑩ <u>我打球打不过你</u>，行了吧。

⑩ <u>打官司咱打得赢啊</u>！

⑩ 你等着看，凭我的西装、雪茄、气度、学问，<u>我到革命政府里随便捡也捡个外交总长</u>！

⑩ 这么胖，<u>饿个三天三夜都饿不死</u>的哇。

4.1.1.6 强调构式

该类型话述构式具有主观强调的表达效果，用于肯否定正反句式中，以及表达已然、进行、未然情态的句子中，也可用于强调客观常识和认知的句子中，体现了句法象似性的数量象似原则，即通过形成动词拷贝形式，添加话题标记、情态标记或句法成分条件协同作用，主要由等式、扩充式形式来表达，缩减式为等式的变式，交叉式为扩充式的变式。

该类型中不同小类构式体义的表义形式呈现出不平衡特点。其中，正反强调构式义和进行强调构式义分别由 1 种表义形式（等式）表达，已然强调构式义由 3 种表义形式（等式、扩充式、缩减式）表达，未然强调构式义由 2 种表义形式（扩充式、交叉式）表达，常识强调构式义由 4 种形式表达。

（1）正反强调构式

该小类构式通过运用话题肯定（正）和否定（反）对举的形式，强调述题表达重心，表达说话人的主观认识，体现了句法象似性的数量象似原则，通过形成动词拷贝形式，添加话题标记、情态标记等条件协同作用，主要由等式形式表达，无扩充式、缩减式、交叉式形式表达。

A. 等式

该类型通过形成动词拷贝形式，添加话题标记"也得"和情态标记"不"等标记条件协同作用表达正反强调义。

V₁+V₁，V₂+V₂

⑩ 真不愧是女英雄啊，不过，对不起，现在由不着你了，<u>去也得去，不去也得去</u>！

⑩ 这个合同你<u>签也得签，不签也得签</u>。

（2）已然强调构式

该小类构式用来强调事件的发生与完成，可表示说话人觉得事件已经发生，时间太晚了或无法挽回，也可表示正是时候之类的含义，体现了句法象似性的数量象似原则，通过形成动词拷贝形式，添加话题标记、情态标记或句法成分等条件协同作用，主要由等式、扩充式形式表达，缩减式和部分扩充式为等式的变式，无交叉式形式表达。

A. 等式

该类型通过形成动词拷贝形式，添加话题标记"也""都""是""就是""就"、情态标记"了"或宾语句法成分等条件协同作用表达已然强调义。

（A）V+V

⑩⑧ 造的那些田<u>泡也泡了</u>，修她奶奶河堤弄啥?!

⑩⑨ 我喜欢他，<u>喜欢就是喜欢</u>，并不需要什么特殊的理由！

（B）VP+VP

⑩⑩ 孩子，别怕，<u>拣柴火就是拣柴火</u>，什么消息不消息的。

⑪⑪ <u>吹哨子就吹哨子了</u>，没什么好害羞的。

B. 扩充式

该类型通过形成动词拷贝形式，添加话题标记"都""是""又""么""只""倒""连……都/也……""也是"、情态标记"了""过"或宾语、补语、状语、主语句法成分等条件协同作用表达已然强调义。

（A）v+V

⑪⑫ 算了，<u>摊都摊牌了</u>，就不信如果她坚持去找雷廷昭，天仰哥能拿她怎么样。

⑪⑬ 这个包喜欢吗？<u>喜是喜欢</u>，就是太贵了。

（B）V+VP

⑪⑭ 既然你这么行，桌上那份报名表为什么不寄出去？<u>填都填好了</u>，不是吗？

⑪⑮ <u>我走又走了一公里路</u>。

⑪⑯ 要知道我满二十一岁以前别说有五十块钱，<u>连见都没见到过钱呀</u>。

⑪⑰ 哼，<u>琢磨也是瞎琢磨</u>，气也是白气，你这辈子也就这样了我还告你！

⑪⑱ 他<u>连嚷都懒得嚷出声</u>。

⑪⑲ 你们怎么睡的？<u>睡他睡的是席梦思</u>，我睡的是木板床。

C. 缩减式

该类型通过形成动词拷贝形式，添加话题标记"都""也""连……都……"、情态标记"了"、曾然体"过"、完成体"已经"、否定词"不"或宾语、补语句法成分等条件协同作用表达已然强调义。

(A) VP+V

⑫⓪ 他和张老五，在当地打也打了，砸也砸了，强行盖房也盖了，要钱也要了。

⑫① 你吃饭都吃了，可以走了吧。

⑫② 葛无病道："照啊，你说一望便知，现今望十望百望也望了，怎地还不知啊？"

(B) V+v

⑫③ 游泳已经游了。

⑫④ 跳舞跳过啦。

(3) 进行强调构式

该小类构式用来强调事件的正在进行，表示正是时候之类的含义，体现了句法象似性的数量象似原则，通过形成动词拷贝形式，添加情态标记单一条件作用，主要由缩减式形式表达，该类缩减式为等式的变式，无等式、扩充式、交叉式形式表达。

A. 缩减式

该类型通过形成动词拷贝形式，添加情态标记进行体"在……着""正……着"等单一条件运用表达进行强调义。

V+v

⑫⑤ 跳舞在跳着，每天都是这么练习的。

⑫⑥ 学习正学着呢！

(4) 未然强调构式

该小类构式用来强调事件将来发生，表达说话人对于动作行为或事件安排的想法、意见和建议等，即是否符合说话人的主观预期，体现了句法象似性的数量象似原则，通过形成动词拷贝形式，添加话题标记和句法成分等条件协同作用，主要由扩充式形式表达，交叉式为扩充式的变式，无等式、缩减式形式表达。

A. 扩充式

该类型通过形成动词拷贝形式，添加话题标记"是""能"和宾语、补语、主语、状语句法成分等条件协同作用表达未然强调义。

V+VP

⑫⑦ 吃是吃包子，喝什么？白开水。

⑫⑧ 你技巧本来是弱势，全凭体力拿名次，可这么拼能拼几次？

B. 交叉式

该类型通过形成动词拷贝形式,添加话题标记"就"和主语、宾语句法成分等条件协同作用表达未然强调义。

VP₁+VP₂

⑫⑨ 唱歌我不太想让他唱,唱歌太辛苦。

⑬⓪ 吃饭他不让我吃,说是要我减肥。

(5) 常识强调构式

该小类构式用来强调动作行为或事件属于社会认知,符合人的常识,体现了句法象似性的数量象似原则,通过形成动词拷贝形式,添加话题标记和句法成分等条件协同作用,主要由等式、扩充式形式表达,缩减式为等式的变式,交叉式为扩充式的变式。

A. 等式

该类型通过形成动词拷贝形式,添加话题标记"是""也是"和情态标记"嘛""着"等条件协同作用表达常识强调义。

V+V

⑬① 买卖是买卖嘛。

⑬② 一个人省吃俭用怎么都能过,钱又不能带走,留着也是留着。

B. 扩充式

该类型通过形成动词拷贝形式,添加话题标记"是""也"、情态标记"不"和补语句法成分等条件协同作用表达常识强调义。

V+VP

⑬③ 矛盾既然是客观存在,回避是回避不了的。

⑬④ 任何事情捷径是走也走不了的,只有脚踏实地地干才行。

C. 缩减式

该类型通过形成动词拷贝形式,添加话题标记"也是""是"和状语句法成分等条件协同作用表达常识强调义。该类缩减式形式为等式形式的变式。

VP+V

⑬⑤ 感觉还是家里好,在外边打工也是打工,打十年、二十年还是打工。

⑬⑥ 好好学是学,随便学也是学,还不如好好学。

D. 交叉式

该类型通过形成动词拷贝形式,添加话题标记"会""还是""也是"、情态标记"不"和宾语、主语、补语句法成分等条件协同作用表达常识强调义。该类交叉式为扩充式的变式。

（A）VP$_1$+VP$_2$

⑬⁷ 这就是一个说话的职业，说话谁不会说。

⑬⁸ 吃饭人人都会吃，学习不是人人都会学的。

（B）vP+V

⑬⁹ 感觉还是家里好，在外边打工也是打工，打十年、二十年还是打工。

⑭⁰ 说谎就是说谎，说一次也是说谎。

4.1.1.7 解释构式

该类型话述构式具有解释说明的表达效果，含有说话人积极或消极的情感意味，体现了句法象似性的数量象似原则，即通过形成动词拷贝形式，添加话题标记和句法成分条件协同作用，由交叉式形式来表达。

（1）交叉式

该类型通过形成动词拷贝形式，添加话题标记"就是""就"和宾语句法成分等条件协同作用表达常识强调义。

VP$_1$+VP$_2$

⑭¹ 我给你说清楚了，救我就是救你自己！

⑭² 拥有人才就拥有希望，赢得人才就赢得未来。

⑭³ 这缺口差钱差50万亿日元，以至于我们无法承担。

⑭⁴ 爱你就等于爱自己。

4.1.1.8 描写构式

该类型构式对动作行为或事件进行描写，主要表示动作行为的状态、程度、趋向、时间、地点、数量等，体现了句法象似性的数量象似和时间顺序象似原则，其中数量象似表现为通过形成动词拷贝形式，添加话题标记和句法成分条件协同作用；时间顺序象似表现为语符按时间先后顺序排列，如"动作—状态""动作—程度""动作—趋向""动作—时地""动作—数量"语义结构表明先有动作行为，后有对动作行为的状态、程度、趋向、时地、数量的描写。该类型构式义主要由交叉式形式来表达，扩充式形式较少。其中，状态描写构式义和程度描写构式义的表义形式相同（扩充式、交叉式），趋向描写构式义、时地描写构式义、数量描写构式义的表义形式相同（交叉式）。

（1）状态描写构式

该小类构式主要描述动作行为或事件的状态，常运用状语或状态补语成分进行描述，体现了句法象似性的数量象似和时间顺序象似原则，即通过形成动词拷贝形式，添加话题标记或句法成分等条件单一或协同作用，主要由扩充式、交叉式形式表达，无等式、缩减式形式表达。

A. 扩充式

该类型通过形成动词拷贝形式，添加话题标记"要"或状语、宾语句法成分等条件单一或协同作用表达状态描写义。

V+VP

⑭ <u>倒要往前倒</u>，不要往后倒。

⑭ <u>这炒就把它炒成土豆泥</u>了？

B. 交叉式

该类型通过形成动词拷贝形式，添加话题标记"要""也""还"、情态标记"不"或状语、宾语、补语句法成分等条件协同作用表达状态描写义。

（A） VP_1+VP_2

⑭ 有的地方情侣<u>吃梨要整个地吃</u>，不可切成一片片，因为梨与离同音，切开就被认为预示离散。

⑭ 心想九十八名道人四下合围，<u>将你挤也挤死了</u>。

（B） V+vP

⑭ <u>团购打折还打多久</u>，家电业的战火，愈演愈烈。

⑮ <u>爸爸睡觉睡得晚</u>。

（2）程度描写构式

该小类构式主要描述动作行为或事件的程度，常运用补语成分描述程度，即运用"得"字补语、程度补语等描述极量义，表示程度深浅、数量多少、时间长短等语义，体现了句法象似性的数量象似和时间顺序象似原则，即通过形成动词拷贝形式，添加话题标记或句法成分等条件单一或协同作用，主要由扩充式、交叉式形式表达，无等式、缩减式形式表达。

A. 扩充式

该类型通过形成动词拷贝形式，添加话题标记"又""都"和补语句法成分等条件协同作用表达程度描写义。

V+VP

㉑ 他自以为是，疯又疯得要命。

㉒ 他玩都玩得忘乎所以了，完全忘记了回家这件事。

B. 交叉式

该类型通过形成动词拷贝形式，添加宾语、补语、状语句法成分等条件协同作用表达程度描写义。

(A) VP_1+VP_2

㉓ 你吃午饭吃得太少了。

㉔ 你送他礼物送得太多了。

㉕ 爸爸叫小明起床叫得太晚了。

㉖ 用安瓦尔自己的话说，他等待这场补选已经等了太久了。

(B) V+vP

㉗ 地震震得墙倒屋塌。

㉘ 我真想上海躺躺一天。

（3）趋向描写构式

该小类构式主要描述动作行为或事件的趋向，常运用趋向补语来表示，体现了句法象似性的数量象似和时间顺序象似原则，即通过形成动词拷贝形式，添加句法成分条件内部协同作用，主要由交叉式形式表达，无等式、扩充式、缩减式形式表达。

A. 交叉式

该类型通过形成动词拷贝形式，添加宾语、补语句法成分等条件协同作用表达趋向描写义。

(A) VP_1+VP_2

㉙ 他走大步走回去了。

㉚ 小王拿书拿回来了。

(B) V+vP

㉛ 大家跑步跑出去了。

㉜ 她游泳游回来了。

（4）时地描写构式

该小类构式主要描述动作行为或事件的时间、地点，常运用时地补语来表示，体现了句法象似性的数量象似和时间顺序象似原则，即通过形成动词拷贝形式，添加句法成分条件内部协同作用，主要由交叉式形式表达，无等式、扩充式、缩减式形式表达。

A. 交叉式

该类型通过形成动词拷贝形式，添加宾语、补语句法成分等条件协同作用表达时地描写义。

VP₁+VP₂

⑯ 他<u>写</u>小说<u>写到了七月八号</u>。

⑯ 小家伙<u>撒</u>尿<u>撒在裤裆里</u>了。

（5）数量描写构式

该小类构式主要描述动作行为或事件的数量，常运用数量补语来表示，体现了句法象似性的数量象似和时间顺序象似原则，即通过形成动词拷贝形式，添加句法成分条件内部协同作用，主要由交叉式形式表达，无等式、扩充式、缩减式形式表达。

A. 交叉式

该类型通过形成动词拷贝形式，添加宾语、补语句法成分等条件协同作用表达时地描写义。

VP₁+VP₂

⑯ 我奶奶<u>打</u>麻将<u>能打一宿</u>。

⑯ 他<u>坐</u>公交回学校<u>坐了一个小时</u>。

4.1.1.9 评述构式

该类型构式表达对动作行为或事件的主观评价和论述，主要分为赞扬和批评两种评价小类，体现了句法象似性的数量象似原则，即通过形成动词拷贝形式，添加标记条件和句法成分条件协同作用，主要由交叉式形式来表达，扩充式形式较少。赞扬构式义和批评构式义的表达形式相同（扩充式、交叉式）。

（1）赞扬构式

该小类构式主要表达说话人对动作行为或事件的肯定和赞扬，表达积极的情感态度，体现了句法象似性的数量象似原则，即通过形成动词拷贝形式，添加话题标记、情态标记和句法成分条件内部协同作用，主要由扩充式、交叉式形式表达，无等式、缩减式形式表达。

A. 扩充式

该类型通过形成动词拷贝形式，添加话题标记"也"、补语句法成分等条件协同作用表达赞扬义。

V+VP

⑯ 愿你忠于自己，活得像自己，<u>笑也笑得沉醉，走也走得潇洒</u>。

⑱ 来到这里真不错，<u>吃也吃得好，睡也睡得香</u>。

B. 交叉式

该类型通过形成动词拷贝形式，添加话题标记"也"和宾语、补语句法成分等条件协同作用表达赞扬义。

（A） VP_1+VP_2

⑲ 他<u>写文章写得好</u>。

⑰ 令消费者<u>购买电池买得方便、买得放心</u>，也是电池生产厂家一项紧迫的工作。

（B） V+vP

⑰ 这小孩<u>洗澡也洗得干净</u>。

⑰ 她心地慈祥，口里唠叨，<u>知悉曾家事知得最多</u>，有话就说，曾家上上下下都有些惹她不起。

（2）批评构式

该小类构式主要表达说话人对动作行为或事件的否定和批评，表达消极的情感态度，体现了句法象似性的数量象似原则，即通过形成动词拷贝形式，添加话题标记、情态标记和句法成分等条件协同作用，主要由扩充式、交叉式形式表达，无等式、缩减式形式表达。

A. 扩充式

该类型通过形成动词拷贝形式，添加话题标记"都""要"、情态标记"不"、主动态"把"、宾语、补语句法成分等条件协同作用表达批评义。

（A） V+VP

⑰ 你<u>打打不过人家</u>，说说不过人家，还站在这块做啥啊？

⑭ <u>学习学习不如别人</u>，身材身材没别人好，温柔温柔没别人温柔。

⑮ <u>气都把人气疯了</u>。

B. 交叉式

该类型通过形成动词拷贝形式，添加宾语、补语句法成分等条件协同作用表达批评义。

VP_1+VP_2

⑯ 他<u>买菜买贵了</u>。

⑰ 他老婆也不是东西，以前借她个芭斗都借不出！

4.1.1.10 假设条件构式

该类型构式表达假设或条件关系，含有"如果（假如、要是、倘若）……就……"或"只要……就……""只有……才……""无论……都……"等语义关系，体现了句法象似性的数量象似和逻辑顺序原则，即通过形成动词拷贝形式，添加标记条件和句法成分条件协同作用，由等式、扩充式、缩减式和交叉式形式来表达。假设构式义和条件构式义的表义形式基本相同（除缩减式之外）。

（1）假设构式

该小类构式表达假设关系，含有"如果（假如、要是、倘若）……就……"的语义关系，体现了句法象似性的数量象似和逻辑顺序象似原则，即通过形成动词拷贝形式，添加话题标记、情态标记和句法成分等条件单一或协同作用，主要由等式、扩充式、缩减式、交叉式四类形式表达。

A. 等式

该类型通过形成动词拷贝形式，添加话题标记"就""也就"、情态标记"吧""了"和句法成分等条件单一或协同作用表达假设义。

V+V

⑱ 骂就骂吧，反正我下了决心。

⑲ 可以就可以，不可以就算了。

B. 扩充式

该类型通过形成动词拷贝形式，添加话题标记"就""也""要""都""也要"、情态标记主动态"把"和宾语、补语句法成分等条件协同作用表达假设义。

V+VP

⑱⓪ 吃得油糕油馍黄米馍，喝就喝稠米酒，又甜又香。

⑱① 混也要混个正当，总不能哄人嘛。

⑱② 跑死正好走人，我爬也爬回空降兵！

⑱③ 抢也要把项目抢到手！

C. 缩减式

该类型通过形成动词拷贝形式，添加话题标记"就""也要"、情态标记"不"和状语、补语句法成分等条件协同作用表达假设义。

VP+V

⑱④ 看得见的球好扑；看不见的球队之患，难扑。难扑也要扑！

⑱ 今天吃了一天了，吃不下也要吃！

D. 交叉式

该类型通过形成动词拷贝形式，添加话题标记"就得""就要"、补语句法成分等条件协同作用表达假设义。

VP_1+VP_2

⑯ 我是他们的头脸，抹黑就得抹脸上。

⑰ 我是运动员，争光就要争在奥运会上。

（2）条件构式

该类型构式表达条件关系，含有"只要……就……""只有……才……""无论……都……"等语义关系，一般在条件复句中运用，体现了句法象似性的数量象似和逻辑顺序象似原则，即通过形成动词拷贝形式，添加话题标记、情态标记和句法成分条件单一或协同作用，主要由等式、扩充式、交叉式形式表达，无缩减式形式表达。

A. 等式

该类型通过形成动词拷贝形式，添加话题标记"就"、情态标记"吧"和宾语、补语句法成分等条件单一或协同作用表达条件义。

（A） V+V

⑱ 只要能取得好成绩，练就练。

⑲ 以前只要收藏就可以，现在还要跳出框，跳就跳吧。

（B） VP+VP

⑳ 只要你高兴，唱歌就唱歌好了。

㉑ 只要她能学到知识，学慢些就学慢些。

B. 扩充式

该类型通过形成动词拷贝形式，添加话题标记"就"、补语句法成分等条件协同作用表达条件义。

V+VP

㉒ 只有跟着导演走，跟着大家一起走，走走走才会走出一个和自己不太一样的状态。

C. 交叉式

该类型通过形成动词拷贝形式，添加话题标记"就""也"和宾语、补语、状语句法成分等条件协同作用表达条件义。

VP_1+VP_2

⑬ 上海双鹿电器股份有限公司为了让用户"买双鹿就买放心",加强售后服务工作。

⑭ 过去,赢得了战争就赢得了一切。

⑮ 250 块饼干不翼而飞,我怎么找也找不到。

4.1.1.11 因果构式

该类型构式表达原因或因果关系,含有"因为……所以……""既然……就……"等语义关系,体现了句法象似性的数量象似和逻辑顺序原则,即通过形成动词拷贝形式,添加标记条件和句法成分条件协同作用。该类型构式义主要由等式、扩充式、交叉式形式来表达,无缩减式形式。构式体义小类之间呈现出不平衡的特点,原因构式义和因果构式义的表义形式有 2 种,结果构式义的表义形式有 3 种。

(1) 原因构式

该类型构式表达原因,与前引小句或后续小句之间构成因果关系,一般在因果复句中运用,体现了句法象似性的数量象似和逻辑顺序象似原则,即通过形成动词拷贝形式,添加话题标记、情态标记和句法成分条件单一或协同作用,主要由等式、交叉式形式表达,无扩充式、缩减式形式表达。

A. 等式

该类型通过形成动词拷贝形式,添加话题标记"都""就"、情态标记"了"等条件协同作用表达原因义。

V+V

⑯ 来都来了,就休息一下吧。

⑰ 因为利比亚打了就打了,它对别的地方基本上也是这样。

B. 交叉式

该类型通过形成动词拷贝形式,添加情态标记"的"单一条件作用表达原因义。

V+vP

⑱ 腰酸背疼腿抽筋,以为是缺钙呢,其实是跳舞跳的。

⑲ 嘴巴臭得很,那是因为事情办不了,抽烟抽的。

(2) 结果构式

该类型构式表达结果,与前引小句之间构成因果关系,主要用于因果关系复句中（与上文结果构式大类相区别），体现了句法象似性的数量象似和逻辑顺序象似原则，即通过形成动词拷贝形式，添加话题标记、情态标记和句法成分条件协同作用，主要由等式、交叉式形式表达，扩充式为等式的变式，无缩减式形式表达。

A. 等式

该类型通过形成动词拷贝形式，添加话题标记"就"和情态标记"吧""呗"等条件协同作用表达结果义。

V+V

⑳ 既然学校有困难，我们为孩子着想，<u>借就借</u>吧。

㉑ 如果你不怕输的话，<u>去就去</u>呗。

B. 扩充式

V+VP

该类型通过形成动词拷贝形式，添加话题标记"就"、情态标记"吧""了"和补语句法成分等条件协同作用表达结果义。

㉒ 既然他这么辛苦，<u>打就打了一下</u>吧。

㉓ 既然是顺路，<u>搭就搭一段</u>吧。

C. 交叉式

该类型通过形成动词拷贝形式，添加话题标记"就"和宾语、补语句法成分等条件协同作用表达结果义。

（A） VP_1+VP_2

㉔ 如果读者的收入和作者一样，摆不起这种排场，那就<u>买得起什么就买什么</u>，并注意如何使用。

㉕ 如果我们每个人都能尽一份力，<u>做得了什么就做什么</u>，局面很快就会得到扭转。

（B） V+vP

㉖ 由于表现主义者描写的并非个别人而是人的"原型"，这个<u>揭发就揭到全人类头上去了</u>。

（3）因果构式

该类型构式表达因果关系，含有"因为……所以……""既然……就……"等语义关系，构式中话题或述题既可表原因，也可表结果，体现了句法象似性的数量象似和顺序象似原则，其中顺序象似原则可分为时间顺序原则和认知顺序原则两类。具体来说，由交叉式形式表达的因果构式义构式中话题和述题为按时间先后顺序排列，即"原因—结果"语义结构表明按照事件发生的顺序，先有动作行为的原因后有结果；由扩充式形式表达的因果构式义构式中话题和述题为按人的认知顺序原则排列，即"结果—原因"语义结构表明人的认知为先看到动作行为产生的结果，后分析其原因。该类型构式通过形成动词拷贝形式，添加话题标记、情态标记和句法成分条件协同作用，主要由扩充式、交叉式形式表达，无等式、缩减式形式表达。

A. 扩充式

该类型通过形成动词拷贝形式，添加话题标记"就"、补语句法成分等条件协同作用表达结果义。

V+VP

⑳⑦ 落后在哪里？不在农业，也不在城市工业，落后就落后在乡镇企业上。

⑳⑧ 有关人士认为，这些企业赢就赢在技术含量高上，因此有生存和发展的竞争能力。

B. 交叉式

该类型通过形成动词拷贝形式，添加话题标记"就"、情态标记"了"、主动态"把"和宾语、补语句法成分等条件协同作用表达结果义。

（A） VP_1+VP_2

⑳⑨ 他喝酒喝醉了。

⑳⑩ 他踢球踢伤了腿。

⑳⑪ 大早晨的楼上剁饺子馅把俺剁醒了！

⑳⑫ 11岁时，小艾力在叔叔家看见一辆女式摩托，骑上一试就骑出了兴趣。

⑳⑬ 机遇难得，失去机遇就失去了发展。

（B） V+vP

⑳⑭ 他玩牌玩忘了一件重要的事情。

⑳⑮ 发愁发得他吃不下饭。

4.1.1.12 让步构式

让步义构式表示对前面陈述的动作行为或事实的礼貌性肯定，但是通过后续句"但是""可""却""不过""就是"等关联词语的提示，表达真正的让步、转折义，呈现出一种相反或相对的结果，体现了句法象似性的数量象似和逻辑顺序原则，即通过形成动词拷贝形式，添加标记条件和句法成分条件协同作用。该构式义主要由等式形式来表达，扩充式、缩减式为等式形式的变式。构式义之间呈现出不平衡性的特点，其中，重转构式义的表义形式为四种，轻转构式义的表义形式为两种（等式、扩充式）。

(1) 重转构式

该小类构式表达的让步、转折义较重，后续句一般运用"但是""可""却"等关联词语，体现了句法象似性的数量象似和逻辑顺序象似原则，即通过形成动词拷贝形式，添加话题标记、情态标记和句法成分条件协同作用，主要由等式形式表达，扩充式、缩减式为等式的变式。

A. 等式

该类型通过形成动词拷贝形式，添加话题标记"就""是""倒""归"、情态标记"着""吧"和宾语、补语、状语、主语句法成分等条件协同作用表达重转义。

(A) V+V

㉑⑥ <u>躺着就躺着</u>嘛！但我不是心甘情愿的，我也不会乖乖的。

㉑⑦ <u>参加归参加</u>吧，会议内容却不让记。

(B) VP+VP

㉑⑧ <u>耽误生意是耽误生意</u>，但是这也是应该的。

㉑⑨ <u>做得好归做得好</u>，可以后还是要加倍努力才行。

㉒⓪ <u>不怕是不怕</u>，可心中对这玩意儿挺腻歪。

㉒① <u>他去就他去</u>，但是你要做好思想准备。

B. 扩充式

该类型通过形成动词拷贝形式，添加话题标记"是""倒是""是要""是能"、情态标记"了""过"和宾语、补语、状语句法成分等条件协同作用表达重转义。

V+VP

㉒② <u>摔是摔了</u>一家伙，可我又跟老号长学了一手。

㉒③ <u>答应是要答应</u>他的，但也不能这么简简单单地遂了他的愿。

㉒④ 殊不知<u>注意倒是有点注意</u>，但毕竟是披着"皮"的国货。

C. 缩减式

该类型通过形成动词拷贝形式，添加话题标记"是""（是）要"和宾语、状语句法成分等条件协同作用表达重转义。

VP+V

㉕ 当然，揭材料是要揭，但也不至于这样不稳重。

㉖ 因此，意向描述是描述，但它们仍然具有纯粹工具的功能。

（2）轻转构式

该小类构式表达的让步、转折义较轻，后续句一般运用"不过""就是""只是"等关联词语，体现了句法象似性的数量象似和逻辑顺序象似原则，即通过形成动词拷贝形式，添加话题标记、情态标记和句法成分条件协同作用，主要由等式形式表达，扩充式为等式的变式，无缩减式、交叉式形式表达。

A. 等式

该类型通过形成动词拷贝形式，添加话题标记"是""倒是""归""会"和宾语、补语、状语、主语句法成分等条件协同作用表达轻转义。

（A） V+V

㉗ 说会说，就是不做。

㉘ 看倒是看了，只是没看懂。

（B） VP+VP

㉙ 吃饭就吃饭，可这周没时间，下周吧。

㉚ 这办法行得通是行得通，只是还没和大家商量。

㉛ 暗骂归暗骂，当时只求过关，赶快又把故事往下讲。

㉜ 别人议论是别人议论，最后的胜利，也许说不定就落在老蒋的身上。

B. 扩充式

该类型通过形成动词拷贝形式，添加话题标记"是"和宾语、补语、状语句法成分等条件单一或协同作用表达轻转义。

（A） V+VP

㉝ 想是想他们的，不过没有办法，非常时期嘛。

㉞ 擦是擦掉一点，不过擦不干净，我帮你，手帕给我。

㉟ "我还好吧?""你还好，变是有点变，不过不是从黑变白的那种剧变。"

㊱ 送是送了我一个黄纹小包，不过，可不是什么好玩之物。

（B） v+V

㊲ 这个包喜欢吗? 喜是喜欢，就是太贵了。

㊳ 谈话结是结束了，不过你还可以提问。

4.1.1.13 区别构式

区别构式一般分为双项式或多项式，着重强调句中构式小项之间的不同点，强调小项的动作行为或指称对象各具特点、不容混淆或在临时语境中获得对比意义，体现了句法象似性的数量象似原则，即通过形成动词拷贝形式，添加标记条件、句法成分条件和句型条件协同作用，主要由等式形式来表达，扩充式形式较为单一。

（1）对举区别构式

对举区别构式中两个小项构式表达相反意义，强调动作行为或指称对象相互区别、不容混淆，两个小项构式中的动词或动词短语一般为反义词或反义短语，或在临时上下文和社会语境中表达对比意义。该类型体现了句法象似性的数量象似原则，即通过形成动词拷贝形式，添加话题标记、情态标记、句法成分和对举句型条件协同作用，主要由等式、扩充式形式表达，无缩减式、交叉式形式表达。

A. 等式

该类型通过形成动词拷贝形式，添加话题标记"就""是""归""便""还是""还有""就是"、情态标记"不"以及宾语、补语、状语、主语句法成分和对举式等条件协同作用表达对举区别义。

（A） V_1+V_1，V_2+V_2

㉙ 赢就赢，输就输。

㉚ 吃饭是首领的事，交战是下边的事。吃饭归吃饭，交战归交战。

（B） VP_1+VP_1，VP_2+VP_2

㉛ 判死刑归判死刑，大吃大喝归大吃大喝，两者互不相干。

㉜ 发油补是发油补，安顶灯是安顶灯，我们分工明确。

㉝ 走出去就走出去，请进来就请进来。

㉞ 在市场剧烈震荡时，超卖还有超卖，超买还有超买。

㉟ 八旗子弟养百灵十三嗉都讲求顺序不能颠倒，不能掺杂音儿，猫叫就是猫叫，喜鹊叫就是喜鹊叫。

㊱ 开车的就是开车的，擦鞋的就是擦鞋的。

（C） V_1+V_1，VP_2+VP_2

㊲ 打架是打架，过日子是过日子，小两口第二天又扛起锄头下地了。

㊳ 买就是买，不买就是不买，干吗欺哄孩子呢？

（D） VP+VP，V+V

㊴ 玩月便玩月，睡便睡。

㉚ 借银子是借银子，提亲是提亲，别掺和在一块儿。

(E) V+V, N+N

㉛ 离婚尽管离婚，夫妻终归夫妻。

㉜ 你们也太小瞧我了，本经理激动归激动，合同归合同，根本是两回事。

B. 扩充式

该类型通过形成动词拷贝形式，添加话题标记"有"、宾语句法成分和对举式等条件协同作用表达对举区别义。

V_1+VP_1, V_2+VP_2

㉝ 婚姻现象，合也自然，离也自然。在生命的延续之处，合有合的欢乐，离有离的喜悦。

㉞ 来有来的理由，去有去的考量。

(2) 平列区别构式

平列区别构式中三个及三个以上小项构式表达区别意义，强调动作行为或指称对象各具特点、互相区别，小项构式在临时上下文和社会语境中表达区别意义，体现了句法象似性的数量象似原则，即通过形成动词拷贝形式，添加话题标记、情态标记、句法成分和平列句型条件协同作用，主要由等式、扩充式形式表达，无缩减式、交叉式形式表达。

A. 等式

该类型通过形成动词拷贝形式，添加话题标记"就是""归""是"以及宾语、补语句法成分和平列式等条件协同作用表达平列区别义。

(A) V_1+V_1, V_2+V_2, V_3+V_3

㉟ 简单得要死，喜欢就是喜欢，玩就是玩，恨就是恨。

㊱ 骂归骂，欢喜归欢喜，发财归发财。

(B) VP_1+VP_1, VP_2+VP_2, VP_3+VP_3……

㊲ 交朋友是交朋友，做生意是做生意，送人情是送人情，放垫本是放垫本，都要分清。

㊳ 穿衣服是穿衣服，洗脸是洗脸，吃饭是吃饭，都马虎不得。

(C) VP_1+VP_1, VP_2+VP_2, $V+vP_3$

㊴ 捧人捧得有分寸，骂人骂得有含蓄，自夸夸得很像自谦，这些技巧都是可以意会不可言传的。

B. 扩充式

该类型通过形成动词拷贝形式，添加话题标记"也"、补语句法成分和平列式等条件协同作用表达平列区别义。

$V_1+（V_1+C_1），V_2+（V_2+C_2），V_3+（V_3+C_3），V_4+（V_4+C_4）$

⑳ 你干吗要这样子呢？才五十块钱嘛！——我借也借得到，抢也抢得来，造也造得成，死也死得出呀！

4.1.1.14 类同构式

类同构式一般分为双项式或多项式列举，着重强调句中构式小项之间的相同或相似点，强调小项的动作行为或指称对象具有相同或相似的特点，或小项在意义上形成一个整体共同表现人或事物的地道、符合标准、不含糊等意义。该类型体现了句法象似性的数量象似原则，即通过形成动词拷贝形式，添加标记条件、句法成分条件和句型条件协同作用，主要由等式形式来表达，扩充式、缩减式、交叉式形式相对较少，主要为否定表达形式。近义构式义和语义框架构式义的表义形式相同。

（1）近义构式

该类对举构式中两个小项构式表达相同或相近意义，强调动作行为或指称对象的相同点或相似点，两个小项构式中的动词或动词短语一般为近义词或近义短语，或在临时上下文和社会语境中表达类同意义。该类型体现了句法象似性的数量象似原则，即通过形成动词拷贝形式，添加话题标记、情态标记、句法成分和对举句型条件协同作用，由等式、扩充式、缩减式、交叉式四种形式表达。

A. 等式

该类型通过形成动词拷贝形式，添加话题标记"也""是""归""就"、情态标记"了"、宾语句法成分和对举式等条件协同作用表达近义意义。

（A）$V_1+V_1，V_2+V_2$

㉑ 现在你哭也哭了，闹也闹了，事情都办成了这样，却又来说我，你到底是在干什么呀！

㉒ 父亲是老派人，宠归宠，爱归爱，却不越规矩半步，上下长幼，主次尊卑，各得其份。

（B）$V_1+V_1，VP_2+VP_2$

㉓ 你说，夫妇吵架归吵架，闹别扭归闹别扭，哪里有一闹别扭就提离婚的？

㉔ 他们说归说，拌嘴归拌嘴，从没有真正红过脸。

B. 扩充式

V_1+VP_1，V_2+VP_2

该类型通过形成动词拷贝形式，添加话题标记"也"、情态标记"不"以及补语、状语句法成分和对举式等条件协同作用表达近义意义。

㉖ 在全家拦也拦不住，拖也拖不住的情况下，你终于还是把小米搞到手了。

㉖ 他喊也不能喊，叫也不能叫。

C. 缩减式

该类型通过形成动词拷贝形式，添加话题标记"是""也是"、宾语句法成分和对举式等条件协同作用表达近义意义。

VP_1+V，VP_2+V

㉗ 教你是教，教他也是教，还不如两人一起教呢！

㉘ 穿这件衣服是穿，穿那件衣服也是穿，别浪费时间了。

D. 交叉式

该类型通过形成动词拷贝形式，添加话题标记"就是"、宾语句法成分和对举式等条件协同作用表达近义意义。

VP_1+VP_2，VP_3+VP_4

㉙ 看到问题就是看到出路，碰到危机就是碰到机遇。

㉚ 说他就是说我，说他的文章就是说我的文章，我和他是同气连枝的。

(2) 语义框架构式

该类框架构式中两个或多个小项构式能够共同形成语义框架，这个语义框架中的动词或动词短语具有人的共同认知结构，在社会语境中表达同义或类义的认知意义。该类型体现了句法象似性的数量象似原则，即通过形成动词拷贝形式，添加话题标记、情态标记、句法成分和对举句型条件协同作用，主要由等式、扩充式、缩减式、交叉式四种形式表达。

A. 等式

该类型通过形成动词拷贝形式，添加话题标记"是""也""就是""要"、情态标记"不""了"以及宾语、状语、"的"字短语句法成分和平列式等条件协同作用表达框架语义。

(A) V_1+V_1，V_2+V_2，V_3+V_3……

㉛ 传是传，带是带，铲是铲，射是射，一个优秀足球运动员的基本功他都练就了。

㊅ 打不是打，拉不是拉，吹不是吹，捧不是捧，真不像个政治掮客！

（B）V_1+V_1，V_2+V_2，VP_3+VP_3

㊆ 在叙述案情以前，他用亲切愉快的口吻向陪审员解释了好久，说什么抢劫就是抢劫，偷盗就是偷盗，从锁着的地方盗窃就是从锁着的地方盗窃。

（C）VP_1+VP_1，VP_2+VP_2

㊇ 吃的是吃的，穿的是穿的，用的是用的，这里应有尽有。

㊈ 买的是买的，拿的是拿的，赠的是赠的，大家不用客气。

（D）VP_1+VP_2，VP_3+VP_4

㊉ 浇树要浇根，育人要育心。

⑦ 浇花要浇根，扶贫要扶志，"村村通"就是扶志。

B. 扩充式

该类型通过形成动词拷贝形式，添加话题标记"要""能""也"、情态标记"不""没"以及宾语、状语、补语句法成分和平列式等条件协同作用表达框架语义。

（A）V_1+VP_1，V_2+VP_2

㉘ 吃要吃最好的，喝要喝最好的。

㉙ 而那石墨则是尘埃一般，粒度不到半微米，看都看不见，抓也抓不着。

㉚ 倒要往前倒，爬要向前爬！

㉛ 渴也把你渴死，饿也把你饿死。

C. 缩减式

该类型通过形成动词拷贝形式，添加话题标记"是""也是"、状语句法成分和平列式等条件协同作用表达框架语义。

VP_1+V，VP_2+V

㉜ 走着去是去，跑着去是去，乘车去也是去，你看我们怎么去？

D. 交叉式

该类型通过形成动词拷贝形式，添加话题标记"即是""便是""就是"、宾语句法成分和平列式等条件协同作用表达框架语义。

VP_1+VP_2，VP_2+VP_1

㉝ 开悟后，方知心即是佛，佛即是心，念佛即是念心，念心便是念佛。

（B）VP_1+VP_2，VP_2+VP_3，VP_3+VP_4

㉞ 所谓的练字就是练神，练神就是练心，练心就是练身。

上述构式义类型分析表明，动类拷贝式话述构式具有14种构式义类型，每种构式义类型之下又有不同小类的构式体义，分别由不同的构式形式表达，构式义类型具有层级性。

4.1.2 语义关系类型

徐烈炯、刘丹青根据话题和述题或述题的组成部分的语义关系，把话题分为四类：论元及准论元共指性话题、语域式话题、拷贝式话题、分句式话题，但是没有提及拷贝式话题具体的语义关系和语义类型。我们指的动词性拷贝话题即拷贝式话题中的一种类型，话题与句子中主要动词的语义关系较为灵活，可以是复指、受事、时间、地点、领属、上位、背景等多种语义类型。因此，动类拷贝式话述构式的语义关系类型可以分为论元共指拷贝式话述构式、话题化拷贝式话述构式、语域拷贝式话述构式、论元分裂拷贝式话述构式、复杂拷贝式话述构式五大类型。

4.1.2.1 论元共指拷贝式

论元共指拷贝式话述构式是指结构中主要动词的某个论元与句子中的名词、代词或某些成分（一般位于句子左侧位置）所指相同，在语义上通常表现为当事、工具、受事、对象等，这是最紧密的一种话题-述题语义关系，是最带有普遍性的话题类型。

（1）复指型

复指型论元共指拷贝式话述构式是指该结构中的某个名词或名词性结构向左移动到句首或相关位置，而其原位置则由一个指称相同的人称代词、指示代词等复指；也可理解为句首或相关位置的名词性成分和话述构式中的人称代词、指示代词等形成复指关系。该类型中动词性拷贝次话述构式整体作为名词性主话题的述题，动词性拷贝话题为次话题。

A. 人称代词复指

㉘ 他老婆$_i$也不是东西，$_{i\phi}$以前借她个笆斗都借不出！

㉙ 一片湿漉漉的青柳叶$_i$，$_{i\phi}$沾在一只雄鹅的通红的嘴壳上，$_{i\phi}$它甩都甩不掉它。

例㉘主话题"他老婆"为链话题（用"$_i$"标明链话题，"$_{i\phi}$"标明链话题的语义管辖范围，下同），其语义管辖范围至次话述构式"借她个笆斗都借不出"，是原话述构式中动词"借"的受事宾语话题化而来，原结构为"借他老婆个笆斗都借不出"，该结构中第一个动词"借"后位置用人称代词"她"复指。

B. 指示代词复指

㉘⑦ 对方抓住了马玉坤受伤的机会，**第三节**将比分超过，他们<u>赢就赢在这一节上</u>。

㉘⑧ 现在咱喝都是喝<u>这个水</u>，**矿泉水**。

例㉘⑧话述构式"喝都是喝这个水"中，述题成分中包含指示代词的结构"这个水"的复指成分为后一小句"矿泉水"。

(2) 隐现型

隐现型论元共指拷贝式话述构式是指该结构中一个名词或名词短语向左移动到句首或相关位置，而其原位置的复指成分可以出现，也可以不出现，表现为隐现的性质。例如：

㉘⑨ 清清的河水，蓝蓝的天，**山下的谷子**<u>望［它］呀望不到边</u>。

㉙⓪ 不过**这化肥**ᵢ也太贵了，ᵢΦ一个劲地涨价，ᵢΦ<u>离还离不了［它］</u>。

例㉘⑨话述构式"望呀望不到边"中，述题复指成分"它"可以隐现，复指的是小句句首名词性结构"山下的谷子"。

关于论元共指拷贝式话述构式类型，详见图4.1。

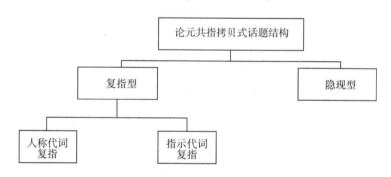

图 4.1 论元共指拷贝式话述构式类型图

4.1.2.2 话题化拷贝式

徐烈炯、刘丹青认为，话题化不一定意味着实际发生过移位之类过程，在词库中选择一定的词语组成一个单位放在话题的位置上就可以理解为话题化。在动类拷贝式话述构式中，话题化拷贝式主要指话题是由动语和论元构成的类型。

菲尔墨提出"格的语法"理论，指出句子在基础结构中包含一个动词和一个或几个名词短语，每一个名词短语以一定的格的关系和动词发生联系。袁毓林提出"论旨角色"，也就是由谓词根据其与相关的名词短语之间的语义关系而指派给这些名词短语的语义角色，带有论旨角色的名词短语就是论元，并概括了现代汉语动词的论元角色的层级体系，如图4.2所示。

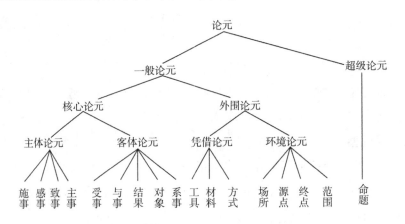

图4.2　现代汉语动词的论元角色的层级体系

话题化拷贝式是指话题动语和句子中的谓词同形，形成拷贝关系，谓词论元如客体论元（受事、结果、对象等）、凭借论元（工具、材料、方式等）、环境论元（场所、源点、范围等）经过话题化，充当话题动语的论元。话题中动语论元话题化可以理解为话题中的名词或名词性成分是从词库中选择一定的词语组成的一个单位放在话题的位置上的，并未实际发生迁移的过程。

（1）施事型

该小类话述构式所在的句子中，谓词的施事论元话题化为话题，作为话述构式的名词性主话题，话述构式整体作为该名词性主话题的述题，属于次话述构式。其中，次话题成分和句中的谓词性成分形成拷贝关系，一般由动词充当。该类型动词性拷贝话题为次话题。例如：

㉛ 可是**那些马**$_{i,i\phi}$从下山已经跑了将近二百里没吃草料，$_{i\phi}$<u>跑是跑不动了</u>。

㉜ 以为**不论从肉体上还是情感上都会一直小心呵护她的那个男人**$_{i,i\phi}$却<u>连碰都不想碰她</u>，$_{i\phi}$这伤透了她的心。

例㉛中，名词性主话题"那些马"是由谓词"跑"的施事论元话题化而来，并且是链话题，其语义管辖范围至后两个小句中，包括次话述构式所在小句，次话述构式"跑是跑不动了"整体作为该名词性主话题"那些马"的述题，其中次话题为动词"跑"，述题为动补结构"跑不动"，次话题和述题谓词"跑"形成拷贝关系。

（2）受事型

该小类话述构式中，话题动语和句子中的谓词性成分形成拷贝关系。话题一般为动宾结构，述题一般为动词、动补结构、动宾结构、"动+补+宾"结构等。该类型动词性拷贝话题为主话题。

A. "动+宾"型

该类型深层句法结构为"动+宾"型，经动词拷贝和受事宾语话题化后，形成表层话述句法结构。例如：

㉙ 问一下我上师，要说<u>喝红酒</u>能不能喝呢？

㉚ <u>吃饭</u>怎么吃呢？

例㉙中，话题为动宾结构"喝红酒"，述题为状中结构"能不能喝"，话题和述题中的动词"喝"形成拷贝关系，话题中的受事宾语"红酒"由深层结构"喝红酒"中的宾语话题化而来。

B. "动+宾+补"型

该类型深层句法结构为"动+宾+补"型，经动词拷贝和受事宾语话题化后，形成表层话述句法结构。例如：

㉛ 这样<u>喂它</u>是喂不起的。

㉜ 今天光<u>送客</u>就送了三次，还被美其名曰能多锻炼。

㉝ 他<u>上课</u>上了三个小时。

例㉜中，话题为动宾结构"送客"，述题主要成分为动补结构"送了三次"，话题和述题中的动词"送"形成拷贝关系，话题中的受事宾语"客"由深层结构"送客三次"中的宾语话题化而来。

C. "动+宾$_1$+宾$_2$"型

该类型深层句法结构为"动+宾$_1$+宾$_2$"型，经动词拷贝和受事宾语$_1$话题化后，形成表层话述句法结构。例如：

㉞ 多喝水少吃东西，<u>喝水</u>也喝自来水，不喝苏打水和纯净水。

㉟ 这缺口<u>差钱</u>差 50 万亿日元。

例㉞中，话题为动宾结构"喝水"，述题主要成分为动宾结构"喝自来水"，话题标记为副词"也"，话题和述题中的动词"喝"形成拷贝关系，话题中的受事"水"由深层结构"喝水自来水"中的宾语$_1$话题化而来，宾语$_2$"自来水"留在原位。

D. "动+宾$_1$+补+宾$_2$"型

该类型深层句法结构为"动+宾$_1$+补+宾$_2$"型，经动词拷贝和受事宾语$_1$话题化后，形成表层话述句法结构。例如：

㉚⓪ 74 岁的侯昌德叹息道:"砍树砍穷了西江人。"
㉚① 林惠清跟郑敏之打虚球打赢了日本。

例㉚⓪中,话题为动宾结构"砍树",述题为"动+补+宾"结构"砍穷了西江人",话题和述题中的动词"砍"形成拷贝关系,话题中的受事宾语"树"由深层结构"砍树砍穷了西江人"中的宾语₁话题化而来,宾语₂"西江人"留在原位。

E. "动+宾₁+补₁+宾₂+补₂"型

该类型深层句法结构为"动+宾₁+补₁+宾₂+补₂"型,经动词拷贝和受事宾语₁话题化后,形成表层话述句法结构。例如:

㉚② 这死丫头ᵢ,ᵢϕ挑我的毛病都挑出瘾头来了。

例㉚②中,话题为动宾结构"挑我的毛病",述题为"动+补₁+宾₂+补₂"结构"挑出瘾头来了",话题和述题中的动词"挑"形成拷贝关系,话题中的受事宾语"我的毛病"由深层结构"挑我的毛病都挑出瘾头来了"中的宾语₁话题化而来。

F. "动+宾+补₁+补₂"型

该类型深层句法结构为"动+宾+补₁+补₂"型,经动词拷贝和受事宾语话题化后,形成表层话述句法结构。例如:

㉚③ 那些阶梯ᵢ无穷无尽,ᵢϕ每次她爬到半路就爬不动了,于是朝右拐向一个平台。

例㉚③中,名词性主话题"那些阶梯"为链话题,其语义管辖范围至次话述构式"爬到半路就爬不动了",是由动词受事宾语话题化而来,次话题为"爬到半路"。

G. "动+宾₁+补₁+补₂+宾₂"型

该类型深层句法结构为"动+宾₁+补₁+补₂+宾₂"型,经动词拷贝和受事宾语话题化后,形成表层话述句法结构。例如:

㉚④ 说着他就爬起身来,从大蚊帐钩子上取下自己的白绸褂子ᵢ,ᵢϕ又摸了半天,才摸出一包胡椒面那样的小纸包来。

例㉚④中,名词性主话题"白绸褂子"为链话题,其语义管辖范围至次话述构式"摸了半天,才摸出一包胡椒面那样的小纸包来",由动词受事宾语话题化而来,次话题为"摸了半天"。

(3) 结果型

在该小类话述构式中,话题中动词的宾语由句中谓词的结果宾语话题化而来。例如:

㉚⑤ 我们这代人反正也都吃苦吃惯了。

㉚⑥ 你看**周秘书那白里透红一身好肉**ᵢ,ᵢΦ煎油都煎得一大锅。

例㉚⑤中，话题"吃苦"中动词的论元"苦"由句中谓词"吃"的结果论元话题化而来。

（4）对象型

该小类话述构式中，话题中动词的宾语由句中谓词的对象宾语话题化而来。例如：

㉚⑦ 不断地探讨是增兵还是撤军，撤军撤不了，增兵老百姓又很反感。

㉚⑧ **有钱的人**ᵢ全来了，ᵢΦ甚至抽奖抽宝马轿车。

例㉚⑧中，话题"抽奖"中动词的论元"奖"由句中谓词"抽"的对象论元话题化而来。

（5）工具型

该小类话述构式中，话题中动词的宾语由句中谓词的工具宾语话题化而来。例如：

㉚⑨ 上海的体院小孩，不得了。跳绳都能跳出这么多花儿来。

㉛⓪ 我奶奶都85岁了，打麻将能打一宿。

例㉚⑨中，话题"跳绳"中动词的论元"绳"由句中谓词"跳"的工具论元话题化而来。

（6）方式型

该小类话述构式中，话题中动词的宾语由句中谓词的方式宾语话题化而来。例如：

㉛① 唱高音唱不上去。

㉛② 我摔跤也摔够了，现在想学点乖了，省得你再为我忙得团团转了。

例㉛①中，话题"唱高音"中动词的论元"高音"由句中谓词"唱"的方式论元话题化而来。

（7）场所型

该小类话述构式中，话题中动词的宾语由句中谓词的场所宾语话题化而来。例如：

㉛③ 3岁，走路都走不稳的那种。

㉛④ 上海人挤车挤出"精"来了。

例㉛③中，话题"走路"中动词的论元"路"是由句中谓词"走"的场所论元话题化而来。

4.1.2.3 语域拷贝式

语域拷贝式话述构式是指话题为述题提供所关涉的范围或者框架，分为时地型、领格型、上位型、背景型、解说型、因果型六种类型。

(1) 时地型

时地型话述构式是指话题为述题提供时间或处所方面的语域，这是汉语话题较为常见的语义类别。在语域拷贝式话述构式中，通常是话题为述题提供时间或处所方面的语域，该话题一般为名词性主话题，动类次话述构式整体充当述题，其中动词性话题为次话题。例如：

㉕ <u>3 岁</u>，<u>走路都走不稳</u>的那种。

㉖ <u>世界上</u>怕就怕"认真"二字，共产党就最讲认真。

例㉕中，主话题为表示时间的名词"3 岁"，次话述构式"走路都走不稳"整体充当部分述题，动宾结构"走路"为次话题。

(2) 领格型

领格型话述构式是指话题跟谓语动词的论元有语义上的紧密联系，在意义上是谓语动词的某个论元的领属格成分，跟谓语动词有一种间接的语义联系。例如：

㉗ <u>救人</u>还要<u>救心</u>，俞春传同她谈人生、谈理想、谈文学，引导她珍惜人生。

㉘ <u>牵牛</u>要<u>牵牛鼻子</u>，回收催化剂的关键设备旋风分离器的改造"首当其冲"。

例㉗中，话题动语的论元"人"和述题动词的论元"心"有领属关系，领属格是"人的心"。

(3) 上位型

上位型话述构式是指话题是句子谓语动词某个论元的上位概念，话题跟述题中的成分有全集与子集的关系，即上下位关系或种属关系。例如：

㉙ 我<u>喝酒</u>喝<u>红酒</u>。

㉚ 我永远记住了，第一次<u>喝酒</u>喝的是<u>贵州纯</u>。

例㉙中，话题动语的论元为"酒"，述题动词的论元为"红酒"，这两个论元是全集和子集的关系。

(4) 背景型

背景型话述构式的话题和述题的关系最松散，话题跟述题内容的联系主要是依赖背景知识或谈话当时的语境而建立起来的，句子内部无法建立明确的话题-述题句法语义联系。例如：

㉛ 以前听人说<u>买车</u>就是<u>买罪受</u>，上牌也要脱层皮。

㉒ **勾引人的大闸蟹**ᵢ,ᵢᵩ 不饿也得饿。

例㉑中，话题为"买车"，述题为"就是买罪受"，后一小句"上牌也要脱层皮"为下文语境，话题和述题内容的联系依赖下文语境；例㉒中，主话题为"勾引人的大闸蟹"，述题为次话述构式"不饿也得饿"，"大闸蟹"和话题成分"饿"之间由"大闸蟹好吃"这一背景知识建立联系。

（5）解说型

解说型话述构式是指话题和述题的内容之间为解释说明的关系，一般来说名词性主话题为主题，动类次话述构式为说明，其中动词性话题为次话题。名词性主话题和述题可分为在同一句子中和在不同句子中两种情况。例如：

㉓ **这个话匣子**她可以跟你倒一个晚上都倒不完，有开心、有烦恼。

㉔ **中国人的本性**ᵢ,ᵢᵩ 死也要死个明白。

例㉔中，名词性主话题为定中结构"中国人的本性"，述题为次话述构式"死也要死个明白"，述题是对话题的解释说明。

（6）因果型

因果型话述构式是指话题和述题之间是原因和结果的关系，一般话题为因，述题为果，有时话题为果，述题为因。例如：

㉕ "自由即奴役、战争即和平、无知即力量"一样荒诞不经——给刽子手磕头，能磕出美德。

㉖ 跳舞是跳出来的，游泳是游出来的，英语是张口说出来的。

例㉕中，话题为"磕头"，述题为"能磕出美德"，话题为因，述题为果。

现将语域拷贝式话述构式的类型结构总结如图 4.3 所示。

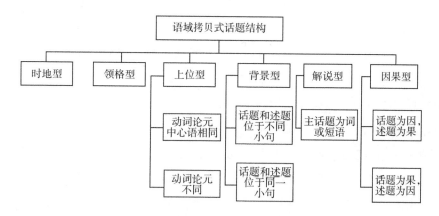

图 4.3 语域拷贝式话述构式的类型结构图

4.1.2.4 论元分裂拷贝式

论元分裂式话述构式指述题谓词宾语的受事类论元是经过部分话题化形成的：一个受事论元分裂成两个句法成分，其中一个在谓语核心动词前充当话题，而另一个在其后充当宾语。在动类拷贝式话述构式中，可分为数量结构型、"的"字结构型、定中结构型三种类型。

（1）数量结构型

数量结构型话述构式是指谓语动词的受事论元分裂成两个句法成分，其中一个名词在谓语核心动词前充当话题，而另一个数量结构在其后充当宾语。例如：

㉗ 做了六个月的战斗部署，光<u>吃饭就吃了180万顿</u>，食堂做了180万顿饭。

㉘ 你看周秘书那白里透红一身好肉，<u>煎油都煎得一大锅</u>。

例㉗中，话题为"吃饭"，述题为"就吃了180万顿"，动词"吃"的受事论元"180万顿饭"分裂，其中名词"饭"话题化为话题成分，数量结构"180万顿"留在原位充当谓词宾语。

（2）"的"字结构型

"的"字结构型话述构式是指谓语动词的受事类论元分裂成两个句法成分，其中一个名词在核心谓语动词前充当话题成分，而定语"的"字结构在其后充当宾语。例如：

㉙ 跟父母亲住在一起，我老婆就负责女儿的学费，我们<u>吃饭就吃父母亲的</u>。

㉚ <u>住店都得住希尔顿的，喝酒都喝名牌的</u>。

在例㉙中，话题为"吃饭"，述题为"就吃父母亲的"，动词"吃"的受事论元"父母亲的饭"分裂，其中名词"饭"话题化为话题成分，"的"字结构"父母亲的"留在原位充当谓词宾语。

（3）定中结构型

定中结构型话述构式是指谓语动词的受事类论元分裂成两个句法成分，其中一个名词在核心谓语动词前充当话题成分，而定语在其后充当宾语。例如：

㉛ <u>吃肉要吃瘦，吃鱼要吃活，吃菜要吃鲜</u>，窝窝头又成了香饽饽。

㉜ **五湖的规矩**，<u>敬酒是敬双不敬单</u>，这也是图个吉利。

例㉛中，话题为"吃肉，吃鱼，吃菜"，述题主要成分为"吃瘦，吃活，吃鲜"，动词"吃"的受事论元"瘦肉，活鱼，鲜菜"分裂，其中名词"肉，鱼，菜"话题化为话题成分，形容词"瘦，活，鲜"留在原位充当谓词补语。

现将论元分裂拷贝式话述构式的类型结构总结如图4.4所示。

图4.4 论元分裂拷贝式话述构式的类型结构图

4.1.2.5 复杂拷贝式

复杂拷贝式是指在话述构式中同时具有两种或两种以上的语义关系类型，其中的动词性拷贝话题一般为次话题，名词性成分一般为主话题。

(1)"话题化+话题化"型

在该类话述构式所在的句子中，主话题为名词性话题，述题为动词性拷贝次话述构式，其中动词性话题为次话题。该类有两种成分可充当话题，一种是动词的前受事宾语，另一种是动词的后结果宾语或补语。具体来说，句子深层结构为"动+宾$_1$+补+宾$_2$""动+宾+补""动+宾$_1$+宾$_2$"，动词的前宾语一般为受事，经过话题化至动类次话述构式中充当话题成分；动词的后宾语或补语一般为结果，经过话题化至句首或相关位置充当主话题。例如：

㉝ **生命**$_i$是养出来的，$_{i\phi}$不是<u>吃药吃出来的</u>。

㉞ **腰酸背疼腿抽筋**$_i$，$_{i\phi}$以为是缺钙呢，$_{i\phi}$其实是<u>跳舞跳的</u>。

例㉝中，主话题为名词"生命"，该主话题为链话题，其语义管辖范围至次话述构式"吃药吃出来的"，句子深层结构为"动+宾$_1$+补+宾$_2$"，即"吃药吃出来的生命"，其中受事宾语"药"经话题化至动类次话述构式"吃药吃出来的"中充当次话题成分，动宾结构"吃药"为次话题，另外结果宾语"生命"经话题化至句首充当语域式话题表示结果，述题表示原因。

(2)"语域+话题化"型

㉟ **大冬天吉他**<u>弹都弹不动</u>，冷冷冷蒲二娜转行业了。

㊱ **3岁**$_i$，$_{i\phi}$走路都走不稳的那种。

例㉟中，主话题为时间名词"大冬天"和普通名词"吉他"，次话述构式"弹都弹不动"整体作为述题，其中动词"弹"为次话题。句子原深层句法结构为"动+补+宾"，宾语为受事"吉他"，经话题化至句首相关位置充当主话题。例㊱中，主话题为时间名词"3岁"，述题成分为动词性拷贝次话述构式，动宾结构"走路"为次话题，句子深层结构为"动+宾+补"，即"走路不稳"，其中受事宾语"路"经话题化至小句句首充当次话题成分。

(3)"语域+话题化+论元分裂"型

㉃ **一年公款**抽烟抽掉400万到1000万。

㉄ **冬天腊肉**吃就吃父母腌的。

例㉃中,主话题为时间名词"一年"和普通名词"公款","一年"为时地语域式主话题,次话述构式"抽烟抽掉400万到1000万"整体充当述题,其中次话题为动词性结构"抽烟"。原深层句法结构为"动词+宾语$_1$+补语+宾语$_2$",宾语$_1$为受事"烟",宾语$_2$为结果"400万到1000万公款",该宾语$_2$分裂,其中名词中心语"公款"话题化为主话题,定语"400万到1000万"留在原位充当谓词宾语。

现将复杂型拷贝式话述构式的类型结构总结如图4.5所示。

图4.5 复杂型拷贝式话述构式的类型结构图

4.1.3 语义指向类型

陆俭明指出,从句法成分的性质上说,语义指向现象主要分为两大类:一类是谓语中心语和被支配语(动词和名词)的语义指向关系,另一类是修饰语和中心语(如状语和中心语、定语和中心语等)的语义指向关系。在动类拷贝式话述构式所在的句子中,具有三种类型的语义指向关系,即谓语或谓语中心语和论元之间存在焦点性或选择性指向关系,修饰语和中心语之间存在指派性指向关系。

4.1.3.1 焦点性指向关系

陆俭明指出,当一个名词词组中两个同语义类名词(都是动词的客体)要分开在一个结构中共现时,语义的指向焦点是其中语义所指范围小的成分,而且指向焦点具有方向性,即出现在动词后面的是语义所指范围小的支配焦点,出现在动词前面的是语义所指范围大的非支配焦点,两个同语义类成分还有范围和中心、领有和从属、整体和部分等关系次类。在动类拷贝式话述构式所在的句子中,谓词和论元之间存在单焦点指向关系,即谓词后指述题中的论元,该论元为支配焦点。和话题中拷贝式动词的论元相比,述题中谓词的论元为语义所指范围小的成

分,和话题论元具有领有和从属、整体和部分、种和属、数量关系等次类。(参见第四章第一节"语义关系类型"相关内容)

4.1.3.2 选择性指向关系

陆俭明指出,如果结构中包含多个动词和多个名词(包括未出现的名词),还要涉及动词与名词的选择,即确定多个动词各自可能与结构中哪个出现或未出现的名词相联系,这就是"动名语义的选择性指向关系"。动类拷贝式话述构式中,有的述题包含了动补结构,其中的谓词补语语义指向具有选择性,有的指向话题,有的指向主语,有的指向谓词,有的指向状语,等等,出现在不同的句法结构中,表达不同的语义结构。

(1)指向话题

在该类型话述构式中,述题中的补语一般前指话题,用来补充说明话题的性质或状态。例如:

㉝㉞ 你看周秘书那白里透红一身好肉$_{i,i\phi}$,<u>煎**油**都煎得一大锅</u>。(油一大锅/*肉一大锅)

㉞⓪ 肖飞没有敢敲窗户,他怕万一有了变化,<u>一敲**窗户**敲炸了</u>!(窗户炸/*他炸)

这里的*表示句子有歧义。

例㉝㉞中,述题的补语"一大锅"前指话题论元"油",语义为"油一大锅"。

在该类型话述构式中,述题中的补语前指句中谓词的状语,补充说明其性质状态。例如:

㉞① 大早晨的楼上剁饺子馅把**俺**剁醒了!(俺醒/*饺子馅醒)

㉞② 我们就是<u>打球给**你**打赢了</u>,你就升着国旗奏国歌了吗?(你赢/*我们赢)

例㉞①中,述题的补语"醒"前指谓词"剁"的状语"俺",语义为"俺醒了"。

(2)指向主语

在该类型话述构式中,述题中的补语指向主语,主语位于句中或上下文,用来补充说明主语的性质或状态。例如:

㉞③ (临开演还有几小时,**主要演员**忽然跑来对导演说:"对不起,我在外面联系了电视剧的排演,这场戏我不能上。"——你说急不急人?)派党支部书记去<u>请还请不回来</u>!(上下文主语"演员")(演员不回来/*党支部书记不回来)

㉞④ **他**在自己的车上,<u>喝酒喝醉了死了</u>。(他醉了死了/*喝醉了死了)

例㉞③中,述题的补语"不回来"指向上文中的主语"演员",语义为"演员不回来"。

(3) 指向谓词

在该类型话述构式中，述题中的补语指向句中的谓词，补充说明动作的结果。例如：

㉝ 上海的体院小孩，不得了。跳绳都能**跳**出这么多花儿来。(跳出这么多花儿来/*绳出这么多花儿来)

㉞ 玩命**玩**了三十年，现在我有珍惜生命的理由了，哪敢再漫不经心？(玩了三十年/*我三十年)

例㉝中，述题的补语"这么多花儿来"前指谓词"跳"，语义为"跳出这么多花儿来"。

(4) 指向话题或主语

在该类型话述构式中，述题中的补语指向有歧义，可以指向句中的话题或主语，补充说明话题论元或主语的性质和状态。例如：

㉟ 我打她打哭了以后，我说妈妈打你不对。(她哭了/我哭了)

㉞ 妈妈说我说累了。(我累了/妈妈累了)

例㉟中，述题的补语"哭"可以前指话题论元"她"，语义为"她哭了"，或前指主语"我"，语义为"我哭了"。

4.1.3.3 指派性指向关系

陆俭明指出，指派性语义指向关系是指在同一个结构中修饰语与多个可能联系的中心语中的一个相联系并实现其中一种语义关系的情况，修饰语和中心语的语义指向关系不是支配性的，而可以看作把修饰意义负载到中心语之上。在动类拷贝式话述构式所在的句子中，在谓词之前状语的位置上，不同的词语有不同的语义指向关系，有的指向话题，有的指向主语，有的指向谓词，等等，表达不同的语义结构。

(1) 指向话题

该类型的话述构式所在的句子中，述题中谓词的状语向前指向话题，从而话题具有该修饰意义。例如：

㉝ 有的地方情侣吃**梨**要整个地吃，不可切成一片片。(整个梨/*整个情侣)

例㉝中，述题中谓词"吃"的状语"整个"向前指向话题论元"梨"，语义为"整个梨"。

(2) 指向主语

该类型的话述构式所在的句子中，述题中谓词的状语向前指向主语，从而主语具有该修饰意义。例如：

㉝ **他**怎么一跳就是少女跳。(他是少女/*跳是少女)

㉛ **我姐姐**养了很多鸽子，平时她连碰都不许别人碰。(我姐姐不许别人/*鸽子不许别人)

例㉞中，述题中谓词"跳"的状语"少女"向前指向主语"他"，语义为"他是少女"。

(3) 指向谓词

该类型的话述构式所在的句子中，述题中谓词的状语向前指向谓词，用来修饰谓词。例如：

㉜ 哼，琢磨也是瞎琢磨，气也是白气，你这辈子也就这样了我还告你！(瞎琢磨/*你瞎，白气/*你白)

㉝ 一种知识分子就认为，打是肯定打不过，打不过那么怎么办？(肯定打不过/*一种知识分子肯定)

例㉝中，述题中谓词"打"的状语"肯定"修饰谓词。

4.1.4 语用语义类型

4.1.4.1 凸显话题成分

在动类拷贝式话述构式的相关类型中，话题是说话者需要凸显和强调的部分，拷贝生成话题的作用是说话者为了提醒听话者注意所要强调的内容，放在句首或相关位置可以凸显话题成分，引起听话者的重视。例如：

㉞ 行，他去去吧。

㉟ "我去过一次，"小坡坚决地说，"摸总摸得到的。"

㊱ 好吧！我投降就我投降吧！反正面子一斤值不了几个钱子儿。

例㉞中，话题动词"去"和述题谓词"去"之间有明显的停顿，话题和述题相同，话题位于主语之后的次话题位置，表达说话人强调、赞同的语义；例㊱中，话题为主谓短语"我投降"，由述题成分拷贝而来，位于句首，表达说话人无所谓、无奈的主观情感。

4.1.4.2 表明因果关系

马清华认为，成分复制的作用之一是获得关联性，重动式连谓句的谓词复现凸显了语义的因果关联性，通常是动宾和中补结构混搭，中补结构两谓词间的事理关联度和可预期度越高，越难直接构成重动式连谓句。也就是说，运用动类拷贝式话述构式的相关类型相较于一般句子和连谓句等，具有表明因果关系的作用。例如：

(357) 他喝酒喝醉了。

(358) *他打杯子打破了。

(359) ？他吃饭吃饱了。

这里的？表示句子不成立。

例(357)中，动宾结构“喝酒”和动补结构“喝醉”的事理关联度和可预期度不高，用动词拷贝凸显话题和述题的因果关系；例(358)中，动宾结构“打杯子”和动补结构“打破”之间的事理关联度和可预期度较高，句子无法成立；例(359)中，动宾结构“吃饭”和动补结构“吃饱”之间有一定的事理关联度和可预期度，句子的自然度较低。

(360) a. 他吃野菜，他脸色发灰。

b. 他吃野菜脸色发灰。

c. 他吃野菜吃得脸色发灰。

例(360) a 句中，运用两个分句表达因果关系，前一个小句是因，后一个小句是果；b 句为连谓句，句中动宾结构“吃野菜”和主谓结构“脸色发灰”之间有因果关系，表明动作造成的结果；c 句中动宾结构“吃野菜”和动补结构“吃得脸色发灰”具有较强的因果关系，凸显了因为动作行为“吃野菜”造成了动作结果“吃得脸色发灰”，两者获得了关联性。

4.1.4.3 信息结构调整

刘丹青指出，汉语的句末是一个对信息结构更加敏感的自然焦点位置，置于句末已成为汉语语法手段库藏中一个专化的（自然）焦点化手段。假如自然焦点是谓语动词、结果补语、宾语的定语，汉语及物句会优先采用受事状语化（“把”字处置式）或话题化策略，话题化包括受事话题句、分裂式话题句及动词拷贝句。与一般汉语句子比较而言，在动类拷贝式话述构式所在的句子中，可以运用话题化拷贝式、论元分裂拷贝式、语域拷贝式和含“把”字拷贝式等方式调整句子的信息结构，即将原来位于非自然焦点位置的、需要突出的成分调整为自然焦点（句末）位置，使句子需要突出的成分得到聚焦。

（1）话题化拷贝式

假如需要突出的成分是动词或动词补语，句子会优先采用话题化拷贝式话题句，聚焦成分由原动宾句中的宾语调整为话述构式句中的动词或动词补语，句子的信息结构发生了调整。例如：

㊱ a. 他上了三个钟头的课。

b. 他<u>上课上了三个钟头</u>。

c. *他下了三个钟头的课。

d. 他<u>下课下了三个钟头</u>。

㊲ a. 问一下我上师，要说能不能喝红酒呢？

b. 问一下我上师，要说<u>喝红酒能不能喝</u>呢？

例㊱中，原句 a 的自然焦点为动宾结构中的宾语"课"，话述构式 b 句的自然焦点为时量结构"三个钟头"，突出"上课"这一动作行为持续的时间，动词"上"为持续动词；话述构式 d 句的自然焦点为时量结构"三个钟头"，突出"下课"这一动作结束后到现在为止的持续时间，动词"下"为瞬间动词，因此无原句。

(2) 论元分裂拷贝式

假如需要突出的成分是宾语的定语，句子会优先采用论元分裂拷贝式话题句，一般分为数量结构型、时量结构型、"的"字结构型和定中结构型，聚焦成分由原动宾句中的宾语调整为话述构式句中的数量结构、时量结构、"的"字结构和定语，句子的信息结构发生了调整。例如：

㊳ a. 做了六个月的战斗部署，吃了 180 万顿饭，食堂做了 180 万顿饭。

b. 做了六个月的战斗部署，<u>光吃饭就吃了 180 万顿</u>，食堂做了 180 万顿饭。

㊴ a. 我妈妈说那次我打了好多天针。

b. 我妈妈说那次我<u>打针打了好多天</u>。

例㊳中，原句的自然焦点为动宾结构"吃了 180 万顿饭"，话述构式句的自然焦点为数量结构"180 万顿"，宾语"饭"发生了话题化，同时拷贝动词"吃"，该话述构式句聚焦数量结构"180 万顿"；例㊴中，原句的自然焦点为动宾结构"打了好多天针"，话述构式句的自然焦点为时量结构"好多天"，宾语"针"发生了话题化，同时拷贝动词"打"，该话述构式句聚焦时量结构"好多天"。

(3) 语域拷贝式

假如需要突出的成分是宾语的领属或上位等成分，句子会优先采用语域拷贝式话题句，聚焦成分由原动宾句中的宾语调整为话述构式句中的领属或上位等成分，句子的信息结构发生了调整。例如：

㊵ a. 我永远记住了，第一次喝的是贵州纯酒。

b. 我永远记住了，第一次喝酒喝的是贵州纯。

(366) a. 要牵牛的鼻子，回收催化剂的关键设备旋风分离器的改造"首当其冲"。

b. 牵牛要牵牛鼻子，回收催化剂的关键设备旋风分离器的改造"首当其冲"。

例(365)中，原句的自然焦点为动宾结构"喝的是贵州纯酒"，话述构式句的自然焦点为名词结构"贵州纯"，宾语"酒"发生了话题化，同时拷贝动词"喝"，该话述构式句聚焦名词结构"贵州纯"。

(4) 含"把"字拷贝式

假如需要突出的成分是动词补语，动词性拷贝话题句会优先采用受事状语化（"把"字处置式），聚焦成分由原动宾句中的宾语调整为话述构式句中的动词补语，句子的信息结构发生了调整。这是动类拷贝式话述构式内部的句式调整。例如：

(367) a. 大早晨的楼上剁饺子馅剁醒俺了！

b. 大早晨的楼上剁饺子馅把俺剁醒了！

(368) a. 真是的，这摔一跤就摔糊涂我了。

b. 真是的，这摔一跤就把我摔糊涂了。

例(368)中，原句的自然焦点为"动+补+宾"结构"摔糊涂我"，话述构式句的自然焦点为动补结构"摔糊涂"，宾语"我"发生了话题化，同时拷贝动词"摔"，该话述构式句聚焦动补结构"糊涂"。

4.1.4.4 达到强调效果

马清华指出，重动式连谓句中谓词复现可与构式手段（论元的非常规实现）协同作用，引发强调。因此，相较于一般句子、连谓句、一般拷贝式话述构式而言，谓词拷贝和论元的非常规实现手段（如移位、运用"把"字结构等）协同作用，可以形成特殊的动类拷贝式话述构式，获得强调的表达效果。例如：

(369) a. 他生肺炎丢了工作。

b. 他生肺炎生丢了工作。

c. 他生肺炎把工作生丢了。

(370) a. 小刘踢球坏了两双鞋。

b. 小刘踢球踢坏了两双鞋。

c. 两双鞋给小刘踢球踢坏了。

例(370)中，相较于a句一般连谓句和b句拷贝式话述构式而言，c句运用谓词"踢"拷贝和将谓词宾语"两双鞋"前移至句首协同作用，突出强调宾语"两双鞋"坏了，其中主语论元"小刘"前加标记"给"后降级，以支持宾语论元"两双鞋"的易位。

4.2 语义分析

4.2.1 话题的指称性倾向

指称原指词与事物之间的关系，即词指称所指对象（事物）。徐烈炯、刘丹青指出，指称指词语在语句中跟现实世界或可能世界的联系。"有定"表示该词语跟听说双方都能确定的对象相联系，"无定"则表示该词语跟不能确定或至少听话人不能确定的对象相联系，"类指"是指一类事物，强调整个类而不指类中的具体个体，"非类指"包括了有定、无定等不同情况。在实际的话语交流中，动词也会用于主宾语相关的位置上，发生了所谓的"指称化""名词化"或"名物化"现象。由动词性成分充当的话题，由于充当话题而失去了动词的主要属性，在话题化的同时伴随着一定程度的名词化。吴怀成指出，汉语的指称化分为小句层面、短语层面和词汇层面，动词的指称化实际上是一种非范畴化的过程，与人们把生活中发生的形形色色的事件作为谈论的话题分不开。在动类拷贝式话述构式中，动词或动词性结构充当话题，位于句子的谓语动词之前，发生了动词或动词性结构指称化，具有了相应的指称义。动词性拷贝话题的指称化是指句法层面的动词指称化，即话题倾向于由有定成分、类指成分充当，并与量化成分密切相关。

按照不同的分类标准，可以将动词性拷贝话题的指称化分为不同的类型。按照话题中动词性成分的指称化有无标记形式的标准，可分为无标记指称化和有标记指称化两种类型。无标记指称化是指不借助任何形式标记的指称化，主要是类指成分充当话题；有标记指称化是指运用添加指示代词、数量词、介词、助词等形式标记的指称化，主要是有定与量化成分充当话题。按照话题的动词性成分的指称化程度，可分为完全指称化和不完全指称化两种类型。完全指称化是指话题的动词性成分完全失去了动词的句法语义特征，完全具备了名词的句法语义特征；不完全指称化是指话题的动词性成分没有完全失去动词的句法语义特征，还保留了动词的部分句法语义特征，同时也具备了名词的部分句法语义特征。也就是说，动类拷贝式话述构式的指称化具有复杂性和多样性的特点。

4.2.1.1 话题与有定成分

从句子表达信息结构角度来说，话题一般是已知的旧信息，由有定成分充当，述题一般是未知的新信息，是无定的。在包含动类拷贝式话述构式的句子中，话题倾向于由有定成分充当，一般为单话题类型，其下又可分为多种小类。作为有定成分的话题，一般带有助词、数量、指量、序数词等形式标记作为句法成分，构成由"的字结构""数量/指量/序数词+V"结构等充当话题的句法结构。由有定成分充当动词性拷贝话题的话述构式中，动词性成分发生了完全指称化，即完全失去了动词的句法语义特征，具备了名词的句法语义特征。在完全指称化的过程中，运用了添加助词、指示词、数量词、序数词等形式标记的语法手段。

(1) 单话题

单话题类型是指句子中只有一个动类拷贝式话述构式，该话述构式中的话题为主话题或次话题，话题分别由"N 的 V"结构、指量结构、"指示词+数词+V"结构、"序数词+量词+V"结构等句法成分充当，其中的动词发生了完全指称化，成为有定成分来充当句子的话题。

A."N 的 V"结构

吴怀成认为，单音节动词表示具体事件指称义的指称化手段通常就是"V+N"结构，而双音节动词表示具体事件指称义的指称化手段既可以是"V+N"结构，也可以是"N 的 V"结构。在动类拷贝式话述构式中，话题指称化主要表现为"N 的 V"结构，其中"V"一般为双音节动词。例如：

㉛ 难道<u>我之前的断网</u>就当没断了？

㉜ <u>三项消耗的降低</u>就降低成本 3 亿元。

B."指量+V"结构

在句子中，该类话述构式中动词性话题前添加指示词和量词，构成"指示词+量词+动词性成分"的句法结构，表示的是具体事件的指称化，该具体事件有终结点。该类构式中，指示词一般为"这"，量词一般为"个、样、次、种"等，组合形成有定成分"这个、这次、这种"等指量词，更加凸显和强调了话题性，也符合话题倾向于由有定成分来充当这一规律。例如：

㉝ "<u>这样喂它</u>是喂不起的。"爱莲娜说。

㉞ 国旗并不是我们的装饰物，而是自己爱国之情的一种表达，<u>这种表达</u>要表达得完整。

C. "指示词+数词+V"结构

在句子中，该类话述构式中动词性话题前添加指示词"这、那"和数词"一"，与话题组合构成有定成分，构成"指示词+数词+动词"句法结构，表示的是具体事件的指称化，该具体事件有终结点。例如：

㊝ 这一当放映员当了十几年。

㊞ 他本来以为天大地大，没一个女人会看上他，但她却从桥上那么一跳跳到他的生命里来。

D. "序数词+量词+V"结构

在句子中，该类话述构式中动词性话题前添加序数词和量词，与话题组合构成"序数词+量词+动词"句法结构，表示的是具体事件的指称化，该具体事件有终结点。例如：

㊞ 我永远记住了，第一次喝酒喝的是贵州纯。

㊞ 风垂直跳出70厘米的时候，检查员以为自己眼睛出了毛病，第二重跳又跳出了72厘米的时候，检查员终于明白过来。

4.2.1.2 话题与类指成分

在包含动类拷贝式话述构式的句子中，话题倾向于由类指成分充当，可分为单话题和复话题两种类型，其下又可分为多种小类。作为类指成分的话题，一般为光杆动词或带有名词、数词、量词、指示词等形式标记的结构作为句法成分，构成由光杆动词、动宾结构、"指示词+V"结构、"数词+V"结构等充当话题的句法结构。由类指成分充当动词性拷贝话题的结构中，动词性成分发生了不完全指称化（部分指称化），即动词失去了部分动词的句法语义特征，具备了部分名词的句法语义特征。在不完全指称化的过程中，运用了添加指示词、名词、数词等形式标记的语法手段。类指性话题是动类拷贝式话述构式中的显赫类型。

（1）单话题

单话题类型是指句子中只有一个动类拷贝式话述构式，该话述构式中的话题为主话题、次话题或次次话题，话题分别由光杆动词、动宾结构、"指示词+V"结构等充当，其中的动词发生了不完全指称化，成为类指成分来充当句子的话题。

A. 光杆动词

在句子中，该类话述构式中话题由光杆动词充当，表示的是大的事件类型，光杆动词发生了不完全指称化。例如：

㊴ 睡他睡的是席梦思，我睡的是木板床。

㊵ 是这样的，它走就是这么走的。

㊶ 派党支部书记去请还请不回来！

B. 动宾结构

在句子中，该类话述构式中话题由动宾结构充当，表示的是将大的事件类型分为各个小的事件类型，其中的动词发生了不完全指称化，如动词"唱"这一大的事件类型之下可分为"唱歌""唱戏""唱诗""唱经""唱票"等各个小的事件类型，动词"打"这一大的事件类型之下可分为"打扫""打工""打点""打架""打闹"等各个小的事件类型。例如：

㊷ 唱歌我不太想让他唱，唱歌太辛苦。

㊸ 有钱的人全来了，甚至抽奖抽宝马轿车。

㊹ 少年人你叫他戒色戒不了的，中年人叫他戒斗也戒不了，老年人叫他戒得也戒不了。

C. "指示词+V"结构

在句子中，由"这/那+动词/动词性成分"构成的句法结构为类指成分，充当话述构式中的话题，其中的动词发生了不完全指称化。例如：

㊺ 这炒就把它炒成土豆泥了？

㊻ 就给你当干儿子吧，那喝酒喝的。

（2）复话题

复话题类型是指句子中具有主话题、次话题或次次话题中两种或两种以上的话题类型，一般为名动型复话题，即有定成分充当的是名词性话题，该话题在句子中充当主话题，句子中动类拷贝式话述构式作为整体充当名词性主话题的述题，动词性拷贝话题为次话题，一般由光杆动词和"数词+V"结构充当。

A. 光杆动词

在该类复话述构式所在的句子中，动词性拷贝次话述构式中由光杆动词充当次话题，主话题分别由光杆名词、同位结构、"数量+名词"结构、"指示词+名词"结构、"指示词+量词+名词"等名词性成分构成。

（A）光杆名词

该类话述构式中，名词性主话题由光杆名词构成。例如：

㊼ 孩子胆小爱哭闹、很倔，哄也哄不好。

㊽ 哪知一不小心水桶倒了，水太多，我怎么拖都拖不干净。

(B) 同位结构

该类话述构式中，名词性主话题由同位结构构成。例如：

(389) **计算机这块阵地**抢也得抢过来，这是我们的使命。

(390) **有翼这个人**，在灵芝看来是要也要不得，扔也扔不得的。

(C) “数量+名词”结构

在该小类中，名词性主话题通常由有定成分充当，表现为“一+量词+名词”形式。其中“一+量词”虽然是无定的形式，但其所修饰的名词为听说双方都能确定的事物。例如：

(391) 他咬了一口，**一粒芝麻**就掉到了桌缝里，抠，抠不出来，再抠，还是抠不出来。

(392) **一个家**，失去了就是失去了，即使埃兹拉的思家饭店也不能取代它。

(D) “指示词+名词”结构

在该小类中，名词性主话题通常由有定成分充当，表现为“这/那+名词”形式，所修饰的名词为听说双方都能确定的事物。例如：

(393) 不过**这化肥**也太贵了，一个劲地涨价，离还离不了。

(394) 今天**这衣服**你买也得买，不买也得买！

(E) “指示词+量词+名词”结构

在该小类中，名词性主话题通常由有定成分充当，表现为“这/那+量词+名词”形式，所修饰的名词为听说双方都能确定的事物。例如：

(395) **那个鞋**怎么拔也拔不上来。

(396) **造的那些田**泡也泡了，修她奶奶河堤弄啥?!

B. “数词+V”结构

在该小类中，主话题为光杆名词，表现为类指成分，述题为动类次话述构式，由“一+V”构成，动词性话题为次话题。例如：

(397) **鸡蛋**吧，卤的鸡蛋，一吃太好吃，实在不行再给我一个。

4.2.1.3 话题与量化成分

赵国军指出，“量”是人对事物、事件或者性状的大小、范围、程度等认知的结果，投射到语言中即实现量范畴的语言化，就形成语言中的量范畴。基本量类如图 4.6 所示。

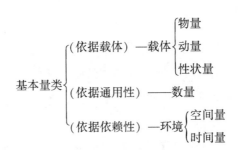

图 4.6 语言的基本量类图

在动类拷贝式话述构式中,通过使用量化词语来表达事物的数量,分为全量词语、分量词语和计量词语。全量词语表达类别中的全体成员,分量词语表达类别中的部分成员,计量词语表达类别成员的具体数量。相应地,带这些词语的成分也就成了全量成分、分量成分和计量成分。

(1) 全量成分与话题

徐烈炯、刘丹青指出,全量成分在汉语中倾向于充当话题/次话题(普通话)或强制性地只能充当话题/次话题(上海话及其他许多方言)。在动类拷贝式话述构式中,全量成分倾向于由疑问代词、指示代词、数量词语、全量词语充当。疑问代词"什么、怎么"等,数量词语"一切"等,全量词语"所有"等,指示代词"每个"等,分别用于单话题句和复话题句中,表示全量义。

A. 单话题

(A) 疑问代词

㊳ 现在<u>什么能炒就炒什么</u>咯。

㊴ 我说我先猜吧,结果<u>怎么猜也没猜着</u>。

(B) 全量词语

⑩ 这样,既保证了<u>所有的渗水都渗到躺井里</u>,又避免了海水渗入的问题。

(C) 数量词语

⑪ 照啊,你说一望便知,现今<u>望十望百望也望了</u>,怎地还不知啊?

⑫ 感觉还是家里好,在外边打工也是打工,<u>打十年、二十年还是打工</u>,回家自己家乡创业,自己当老板。

B. 复话题

由主话题和次话题组成的复话题句子中,全量成分一般位于主话述构式中,且主话题一般为名词性话题,动类拷贝式话述构式作为整体充当述题,动词性拷贝话题为次话题。

（A）指示代词

⑭03 我家里电话打不通，每个电话打也打不通。

⑭04 每封信他回也不回。

（B）疑问代词

⑭05 大姐，你有什么话要说就说吧！

⑭06 现在什么能炒就炒什么咯。

（C）全量词语

⑭07 耕地被破坏，包括水都不能喝，所有的喝也不能喝，大片青山变成了黄土坡。

（2）分量成分与话题

在动类拷贝式话述构式中，用含数词"一"的数量结构或分量词语"有的"表示无定的分量。分量成分一般出现在复话述构式中，也就是说，一般出现在名词性主话题中，动类拷贝式话述构式作为整体充当述题，动词性话题为次话题。

A. 单话题

数量词语

⑭08 生活上国家在政策方面有倾斜，主要是工作条件不具备，一些应立即开展的研究开展不起来。

B. 复话题

（A）数量词语

⑭09 有些酒店价格填是填了，却平放着压在酒瓶底下，存心不让顾客看。

⑭10 一些框框该突破的还得突破，只要有利于发展。

（B）分量词语

⑭11 出发去最远的组有的还要走一天的路才能走到。

⑭12 有的打钉子都打到外头，不是吓唬你。

（3）计量成分与话题

A. 单话题

数量词语

在动类拷贝式话述构式中，数量词语充当计量成分，作为话题的句法成分。例如：

⑭13 三项消耗的降低就降低成本3亿元。

⑭14 叶民主说过几次睡都睡了这么多觉，干脆结婚算了。

B. 复话题

数量词语

⑮ 这一场吵呀，可真是非同小可，惊动左右邻居，都来<u>劝解，也劝不开</u>，农会干部也来劝半天。

⑯ 饼是粘着芝麻的那种烧饼，他咬了一口，一粒芝麻就掉到了桌缝里，<u>抠，抠不出来，再抠，还是抠不出来</u>。

由此，汉语动类拷贝式话述构式的指称特征可以归纳为表4.2。

表4.2　汉语动词性拷贝话题的指称特征表

话题的形式		话题与有定成分	话题与类指成分	话题与量化成分
单话题		"的"字结构	光杆动词	疑问代词
		"指示词+量词+V"结构	动宾结构	全量词语
		"指示词+数词+V"结构	"指示词+V"结构	数量词语
		"序数词+量词+V"结构	—	—
复话题		—	光杆动词	指示代词
		—	"数词+V"结构	数量词语
		—	—	疑问代词
		—	—	全量词语
		—	—	分量词语

从表4.2可以看出，在动词性拷贝话题的指称化过程中，助词、指示词、数量词、全量词、分量词、疑问代词等都发挥了语法功能，称为话题中动词或动词性成分指称化的形式标记。其中，指示词和数量词这两类词分别在有定成分、类指成分和量化成分充当的动词性话题中发挥了动词指称化的重要语法功能，是话题动词指称化中最重要的形式标记之一。

袁毓林等根据名词和动词的分布特征，制定了名词和动词隶属度量表。根据以上动词性拷贝话题的指称特征，我们对照名词和动词的隶属度量表中的指标，发现在动词性拷贝话题中，由有定成分、类指成分和量化成分充当的话题反映出话题指称的规律性。表4.3分别将由有定成分、类指成分和量化成分充当的动词性拷贝话题的指称特征和名词、动词的隶属度量表指标进行了比较。

表 4.3 动词性拷贝话题的隶属度量表

项目		类别归属								
		1	2	3	4	5	6	7	8	9
名词类	指标	可以受数量词的修饰	不能受副词修饰	可以作典型的主语和宾语	可以作中心语,其他名词或者作定语直接修饰其他名词	可以后附助词"的"构成"的"字结构	可以后附方位词构成处所结构	不能作状语和谓语核心	不能作补语,并且一般不能作状语直接修饰动词性成分	—
	话题	①③	①	—	②	①③	①	①②③	①②③	—
		总计符合指标数:① (6项)　② (3项)　③ (4项)								

项目		类别归属								
		1	2	3	4	5	6	7	8	9
动词类	指标	可以受否定副词"不"或"没有"修饰	可以后附或中间插入时体助词"着、了、过",或者可以插入"……了没有"格式	可以带宾语,通常和对、拿、为、向、于等介词引其必有论元	可以真或者能受程度副词"很"修饰,或者同时能受"很"修饰和带宾语	可以有"VV、V一V、V了V、V不V、V了没有"等重叠或正反重叠形式	可以作谓语或谓语核心	不能作状语直接修饰动词性成分	可以跟在"怎么、怎样"之后,对动作的方式进行提问;或者可以跟在"这么、这样、那么、那样"之后,用以做出相应的回答	不能跟在"多"之后对性质的程度进行提问;并且不能跟在"多"之后表示感叹
	话题	—	—	②③	—	—	—	②③	②③	②③
		总计符合指标数:① (0项)　② (4项)　③ (4项)								

注:①表示有定成分充当话题;②表示类指成分充当话题;③表示量化成分充当话题。

表4.3显示,由有定成分充当的动词性拷贝话题具备了名词的隶属度量表的8项指标中的6项,占75%,而话题没有具备动词的隶属度量表中的指标,为0项;由类指成分充当的动词性拷贝话题具备了名词的隶属度量表的8项指标中的3项,

约占38%，同时具备了动词的隶属度量表的9项指标中的4项，约占44%；由量化成分充当的动词性拷贝话题具备了名词的隶属度量表的8项指标中的4项，约占50%，同时具备了动词的隶属度量表的9项指标中的4项，约占44%。

由此可以看出，由有定成分充当的动词性拷贝话题具备了名词大部分的语法功能，动词性拷贝话题的指称性最强；由类指成分充当的话题既具备了名词的部分语法功能，又具备了动词的部分语法功能，且话题的陈述性强于指称性，话题的指称性较弱；由量化成分充当的话题包含了有定成分和类指成分充当话题的情形，既具备了名词的部分语法功能，又具备了动词的部分语法功能，且话题的指称性强于陈述性，即话题的指称性较强。

值得注意的是，相较于上述具有指称性特征的话题来说，动补结构、状中结构、主谓结构等充当的话题谓词性较强，指称性相对较弱。例如：

⑰ 再困难也不怕，<u>一个人去就一个人去</u>。
⑱ 看得见的球好扑；看不见的球队之患，难扑。<u>难扑也要扑</u>!
⑲ 生活当中，觉得有的时候<u>熬一晚就熬一晚</u>，第二天无所谓。
⑳ 感觉还是家里好，<u>在外边打工也是打工</u>，<u>打十年、二十年还是打工</u>，回家乡自己创业，自己当老板。

由图4.7分析可知，动词性拷贝话题的指称性有强弱之分，呈渐变规律，是一个指称的连续统。具体来说，由有定成分充当的话题指称性最强，由量化成分充当的话题指称性较强，由类指成分充当的话题指称性较弱，其他类型话题的指称性最弱。具体可表示为图4.8。

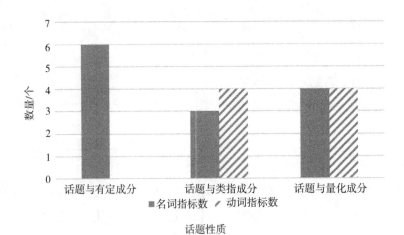

图4.7　汉语动词性拷贝话题的指称特征图

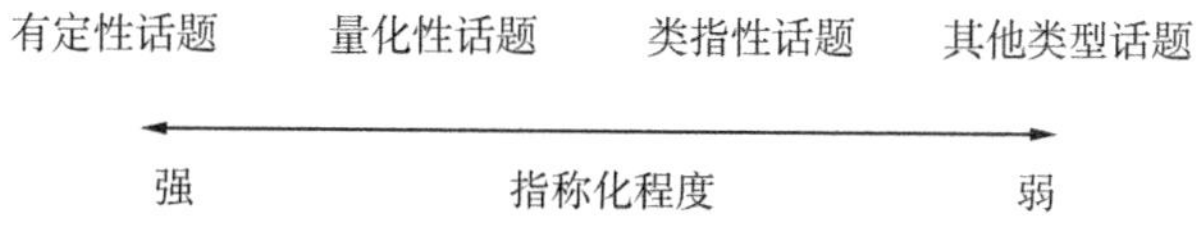

| 有定性话题 | 量化性话题 | 类指性话题 | 其他类型话题 |

←——————————————————————→
强　　　　　　　指称化程度　　　　　　　弱

图 4.8　动词性拷贝话题的指称化等级序列图

由此，我们得出了动词性拷贝话题的指称层级为"有定性话题>量化性话题>类指性话题>其他类型话题"，即有定性话题具有最强的名词性语法功能，量化性话题兼具名词性和动词性语法功能，类指性话题具有较强的动词性语法功能，其他类型的动词性语法功能最强。

4.2.2　话题的冗余性

4.2.2.1　冗余话题与非冗余话题

钱莹指出，语言冗余是指人们在言语交际中核心语言之外的语言，但并不是真正的"多余语言"，它在言语交际中起到消除歧义、帮助理解以及达到特殊效果等作用。语言冗余主要包括语音冗余、语法冗余、语义冗余等多个方面。语言冗余的形式包括语言的复现、蕴含和附着符号等。语言经济原则认为言语活动中存在着从内部促使语言运动发展的力量，这种力量可以归结为人的交际和表达的需要与人在生理上（体力上）和精神上（智力上）的自然惰性之间的基本冲突，需要使用较为简单的形式表达较为复杂的语言内容。语言冗余是违背语言的经济原则中合作原则的要求，即所说的话超出交谈目的所需要的信息。从语用的角度看，冗余信息有解释、幽默、消除歧义、寒暄应酬、强调、礼貌、表达会话含义、稀释信息浓度、设置干扰九大功能。分裂式话题和同一性话题都存在语义理解不自足现象。

动类拷贝式话述构式中存在冗余性话题和非冗余性话题两种类型。冗余性话题是指由动词或动词性成分构成的话题是冗余成分，一般以谓语动词或动词性成分的复现形式表达。动词性拷贝话题中存在的复现为同一个语言单位（动词或动词性成分）和共指单位（复指）的重复出现，一般在句子或上下文语境中复现，一般是词汇层面的冗余，具有积极的表达效果，属于积极冗余。从语义的角度看，动词性拷贝话题具有空义性，动词不表示语义，不影响句子的论元结构，甚至由语素等无意义的音节担任，具有较高的形态化倾向，可以删除而不改变句子的基本意义；从语用的角度看，话题具有主观强调的功能，并和语境具有互动作用，一方面表现为语境制约信息冗余度，另一方面表现为冗余信息可体现语境的交际目的。例如：

㊷ a. <u>怕</u>我倒是不怕！

b. 我倒是不怕！

㊷ a. 算了，<u>摊</u>都摊牌了，就不信如果她坚持去找雷廷昭，天仰哥能拿她怎么样。

b. 算了，都摊牌了，就不信如果她坚持去找雷廷昭，天仰哥能拿她怎么样。

上述例句中，原句（a 句）删除话题后句子（b 句）的基本意义不变，话题是冗余性成分，具有主观强调功能。例㊷中，话题"怕"为冗余成分，不表示语义，具有主观强调的功能，可以删除而句子的基本意义不变。

非冗余性话题是指由动词或动词性结构构成的话题具有实在意义，动词性结构为论元结构，动词表示语义，具有成句作用，不可删除，表达说话人的主观情感。例如：

㊸ a. <u>爱就爱了，恨就恨了</u>。

＊b. 就爱了，就恨了。

㊹ a. <u>他抠门抠了一辈子</u>，可以说天下闻名。

＊b. 他抠了一辈子，可以说天下闻名。

例㊸中，话题"爱""恨"为对比性话题，具有成句作用，删除后句子不成立。

4.2.2.2 冗余话题分析

马清华指出，补偿是语言共时动态机制之一，它是对已丧失合格性的语句的一种自我补救现象，即通过屈从某种变则并以其破格表达获得的积极效果，抵消变则消极面，提升语句可接受度。交际和表达的需要始终在发展、变化，促使人们采用更多、更新、更复杂、更具有特定作用的语言单位，而人在各方面表现出来的惰性则要求在言语活动中尽可能减少力量的消耗，使用比较少的、省力的、已经熟悉的或比较习惯了的或者具有较大普遍性的语言单位。

动类拷贝式话述构式在动态补偿机制的运作过程中，变则在初级模式中充当调节策略，在高级模式中充当语句基础。在话述构式的各类型中，运用违背经济性原则的冗余变则手段以及信息量的调整等调节策略达到语句凸显强调语义、表达主观性情感等语言表达效果。另外，在交谈过程中，说话人的话语中所涉及的相关事务，即内容对于听话人来说是否熟悉，或者交谈的内容是否在上下文情景或双方背景中被激活，会直接影响双方所采用的语言形式、衔接和连贯方式等，从而获得不同的语言交际效果。从语用层面上来说，可按照话述构式的动态补偿和信息特点进行分析。

（1）运用冗余变则手段

在动类拷贝式话述构式中，运用冗余变则手段，即让冗余方式成为语义凸显、主观强调或主观评议等手段，以其积极效果换取可接受性。例如：

㉕ a. 如果发生特殊情况，[怎么撤离]，包括事先都做好充分的准备。

b. 如果发生特殊情况，[撤离怎么撤离]，包括事先都做好充分的准备。

㉖ a. [没人敢跟他打]，都要给他赢。

b. [他打没人敢跟他打]，都要给他赢。

上述例句中，动词性拷贝话题和谓语中心语同形，形成拷贝形式，话题成分“撤离”“他打”为冗余变则手段，即通过重复使用动词使色彩意义的主观强调意义从理性意义的属性强调中分离出来，主观强调效果抵消了重复消极面，因此话题拷贝可以接受。

（2）运用信息量调整的调节策略

在运用冗余变则手段的基础上，运用增加冗余项目数，以及冗余结构与情态成分、调序共振等调节策略，可使信息量达到充分程度，表达主观强调义得到凸显，语句的冗余可容度和可接受度提升。

A. 冗余项目数增加

在动类拷贝式话述构式中，通过增加冗余项目数可推动强调升级，可使信息量达到充分程度，表达强烈的主观情感，感染效果得到最大程度的发挥。例如：

㉗ a. 敢不敢再忙点！敢不敢再忙点！[跳忙得脚跳]。

b. 敢不敢再忙点！敢不敢再忙点！[跳跳跳忙得脚跳]。

㉘ a. 我跟着人家走，哪怕跟着对手走，甚至对手是一个水平并不如我的演员，跟着导演走，跟着大家一起走，[走才会走出一个和自己不太一样的状态]。

b. 我跟着人家走，哪怕跟着对手走，甚至对手是一个水平并不如我的演员，跟着导演走，跟着大家一起走，[走走走才会走出一个和自己不太一样的状态]。

例㉗中，话题为动词的三项重叠并列形式“跳跳跳”，加大了强调忙的程度，营造出了形象的忙碌的语境，表达了抱怨、不满的强烈感情色彩。

B. 共振

共振是指语言中一种语法手段与另一种语法手段协同发生作用，产生新的语法意义。在动类拷贝式话述构式中，共振的方式有三种：第一种是冗余结构和情态成分（话题标记）两者共振，第二种是拷贝句式（冗余结构）和调序两者共振，第三种是拷贝句式（冗余结构）和调序、话题标记三者共振。在共振的作用下，句子的可接受度提升，还能表达主观、强调等语义。

（A）冗余结构和情态成分（话题标记）共振

在动类拷贝式话述构式中，冗余结构和情态成分（话题标记）共振，增强了主观性功能，感情渲染度得到加强，语句的冗余可接受度放宽，抵消了冗余并列孤立组合时的消极面，具有表达主观强调义的积极效果。例如：

㊗ a. *许多顾客说，我们就冲着不让利来的，[买买个货真价实]。

b. 许多顾客说，我们就冲着不让利来的，[买就买个货真价实]。

㊚ a. *与自己的上司恋爱结婚！[可以可以]，但是不建议。

b. 与自己的上司恋爱结婚！[可以倒是可以]，但是不建议。

例㊗中，因缺少冗余结构"买买个货真价实"和情态成分"就"的共振条件，被认为是在做无谓的强调，所以句子的冗余不被接受，可接受度相对较低。满足共振条件后，话述构式表达说话人积极肯定的情感态度。

（B）拷贝句式（冗余结构）和调序共振

在动类拷贝式话述构式中，拷贝句式（冗余结构）和调序共振，增强了说话人的主观情感表达，感染效果得到发挥，语句的可接受度提升。例如：

㊶ a. *据说，抽脂后只能吃水果，[碰都不能碰米饭和肉类]，否则，反弹起来会更厉害。

b. 据说，抽脂后只能吃水果，[米饭和肉类"碰都不能碰"]，否则，反弹起来会更厉害。

㊷ a. *[填是填了有些酒店价格]，却平放着压在酒瓶底下，存心不让顾客看。

b. [有些酒店价格填是填了]，却平放着压在酒瓶底下，存心不让顾客看。

例㊶中，因缺少拷贝句式"碰都没有碰"和调整语序（将名词性宾语"米饭和肉类"前移至小句首话题位置）的共振条件，被认为是在做无谓的强调，所以句子的冗余不被接受，可接受度相对较低。满足共振条件后，话述构式表达说话人强调的主观情感态度。

（C）拷贝句式（冗余结构）和调序、话题标记共振

在动类拷贝式话述构式中，拷贝句式（冗余结构）和调序、话题标记共振，增强了说话人的主观情感表达，感染效果得到发挥，语句的可接受度提升。例如：

㊸ a. *不看书会觉得自己是在浪费时间，但[看看不下去书]，老担心自己

学不好。

　　b. 不看书会觉得自己是在浪费时间，但［看书又看不下去］，老担心自己学不好。

㉞ a. ＊苏阑眼睛一眯，沉醉皱眉，［火上浇浇油］吧。

　　b. 苏阑眼睛一眯，沉醉皱眉，［火上浇油就浇］吧。

例⑬中，因缺少冗余结构"看看不下去书"和话题标记"又"、调整语序（将名词性宾语"书"前移至小句相当于句首的话题位置）的共振条件，被认为是在做无谓的强调，所以句子的冗余不被接受，可接受度相对较低。满足共振条件后，话述构式具有转折义，表达说话人担心、忧虑的情感态度。

4.2.3　表达逻辑语义关系

在复句中，动类拷贝式话述构式可以作为复句的分句，表达并列、顺承、解说、选择、递进、条件、假设、因果、目的、转折等逻辑语义关系。

4.2.3.1　联合复句

在联合复句中，动类拷贝式话述构式可分为并列、顺承、解说、选择、递进五种类型。

（1）并列

该类型中，话述构式所在分句分别叙述或描写有关联的动作行为或同一动作行为的几个方面，分句之间是平列关系或对举关系。

A. 平列

㊳ 杀就杀，刮就刮，没什么了不起的。

㊶ 渴也把你渴死，饿也把你饿死。

B. 对举

㊲ 爱就爱了，恨就恨了。

㊳ 她来就来，不来就不来。

（2）顺承

该类型中，前后分句按时间、空间或逻辑事理上的顺序说出连续的动作或相关的情况，分句之间有先后相承的关系。例如：

㊴ 所谓的练字就是练神，练神就是练心，练心就是练身。

㊵ 他们从这个角度认识到：拥有人才就拥有希望，赢得人才就赢得未来。

（3）解说

该类型中，分句之间有解释和总分两种关系。例如：

⑪ 看过以上两个片段，相信各位驾驶人士对这些社区停车场都是又爱又恨，爱是爱在它的存在能解决停车难的问题，恨则是恨它乱收费。

⑫ 从此开始中国的长篇小说，就在写那个日常的"道"当中，而这个三戒又戒不掉，少年人你叫他戒色戒不了的，中年人叫他戒斗也戒不了，老年人叫他戒得也戒不了。

（4）选择

该类型中，分句之间有选择关系，可分为未定选择和已定选择两种情况。例如：

⑬ 或住在什么境界上，如见光、见佛，或似有一物在前，推也推不开，离也离不去，等等。

⑭ 不断地探讨是增兵还是撤军，撤军撤不了，增兵老百姓又很反感，处于这样的一种状态。

（5）递进

该类型中，后面分句的意思比前面分句的意思更进一层，一般由少到多、由小到大、由轻到重、由浅到深、由易到难，反之亦可。例如：

⑮ 车忽然到站停下了，车站都驻有鬼子，我们不但完不成任务，到站连跑也跑不及的。

⑯ 就说蹲这个地洞吧，不仅憋得要命，万一敌人发觉了，跑都没法跑。

4.2.3.2 偏正复句

在偏正复句中，动类拷贝式话述构式可分为条件、假设、因果、转折四种类型。

（1）条件

该类型中，偏句提出条件，正句表示在满足条件的情况下产生的结果。例如：

⑰ 只要咱们把井把守住，渴也渴死敌人！

⑱ 填单子填到手痛，才意识到今天六一儿童节，嘻嘻！

（2）假设

该类型中，偏句提出假设，正句表示假设实现后所产生的结果，可分为一致关系和相背关系两类。例如：

⑲ 你的心如果摆正的话，相信练功能练好。

㊿ 凭着自己这把老骨头，即使走不动，爬也要爬回去看看。

（3）因果

该类型中，偏句说出原因或理由，正句表示结果，可分为说明因果关系和推论因果关系两类。例如：

(451) 对抑郁症病人来说旅游或者是看个电影，包括吃个美食这些都不行，因为你吃也吃不到，玩也玩不动，然后你见人听得电话声音都害怕，会很恐惧。

(452) 既然他这么辛苦，打就打了一下吧。

（4）转折

该类型中，前后分句的意思相反或相对，后一分句是说话人所要表达的正意，分为重转和轻转两类。例如：

(453) 不怕是不怕，可心中对这玩意儿挺腻歪。

(454) 今天，虽然睡得很晚，嘿嘿，填表填得心甘情愿。

4.3 本章小结

本章从动类拷贝式话述构式的意义方面进行分析，得出以下结论：一是根据话述构式的不同意义类别，可将话述构式分为不同语义类型。根据话述构式的构式义，可将话述构式分为接受构式、不满构式、选定构式、确认构式、结果构式、强调构式、解释构式、描写构式、评述构式、假设条件构式、因果构式、让步构式、区别构式、类同构式 14 种语义类型；根据话述构式在句中的语义关系，可分为论元共指拷贝式、话题化拷贝式、语域拷贝式、论元分裂拷贝式、复杂拷贝式 5 种语义类型；根据话述构式成分在句中的语义指向，可分为焦点性、选择性、指派性 3 种语义指向关系；根据话述构式语用语义特点，可分为凸显话题成分、表明因果关系、信息结构调整、达到强调效果 4 种类型。二是从语义角度分析，话述构式中话题倾向于由有定成分、类指成分、量化成分充当，具有指称性倾向；话题具有冗余性，常运用冗余变则手段和信息量调整的调节策略；话述构式在联合复句和偏正复句中表达一定的逻辑语义关系。

参考文献

[1] 刘丹青，徐烈炯．普通话与上海话中的拷贝式话题结构［J］．语言教学与研究，1998（1）：85-103．

[2] 刘雪芹．重动句研究综述［J］．徐州师范大学学报（哲学社会科学版），1998，24（1）：46-48．

[3] 袁毓林．论否定句的焦点、预设和辖域歧义［J］．中国语文，2000（2）：99-108．

[4] 沈家煊．语言的"主观性"和"主观化"［J］．外语教学与研究（外国语文双月刊），2001，33（4）：268-275．

[5] 马清华．补偿：语言的一种共时动态机制［J］．修辞学习，2008（4）：1-13．

[6] 范晓，陈昌来．汉语句子及其句式研究［M］．上海：学林出版社，2015．

[7] 皇甫素飞．现代汉语紧缩构式的多维研究［M］．北京：中国社会科学出版社，2015．

[8] 张爱玲．现代汉语常用构式的共时与历时互动研究［M］．南京：南京大学出版社，2016．

[9] 徐烈炯，刘丹青．话题的结构与功能（增订本）［M］．上海：上海教育出版社，2018．

[10] 刘丹青．语序类型与话题结构［M］．北京：商务印书馆，2019．